QUE SAIS-JE ?



# *L'analyse transactionnelle*

**GÉRARD CHANDEZON**
Maître de conférences à HEC
Directeur de la Communication
de la Chambre de Commerce
et d'Industrie de Rouen

**ANTOINE LANCESTRE**
Formateur-Consultant à PROCONSULT DÉVELOPPEMENT
Chargé de cours à l'Université de Rouen

*Sixième édition*

*49e mille*

## DES MÊMES AUTEURS

*La formation de la maîtrise*, Strasbourg, Les Editions de l'Entreprise, 1978.

*Efficacité personnelle de la secrétaire*, Paris, Editions d'Organisation, 1983.

*Des produits nommés désirs* (d'Antoine LANCESTRE, en collaboration), Chotard & Associés, 1983.

*46 fiches de formation à l'animation des réunions*, Editions d'Organisation, 1984.

*Les techniques de vente*, coll. « Que sais-je ? », PUF, 1985.

*L'insécurité*, ESF, 1985.

*Animez votre équipe*, Chotard & Associés, 1987.

*Visez la qualité totale*, Chotard & Associés, 1988.

*Utilisez la PNL*, Chotard & Associés, 1990.

*Entraînez et stimulez vos collaborateurs*, Chotard éd., 1992.

Avec nos remerciements à Joël-Michel Caveng, psychologue praticien au Havre.

ISBN 2 13 043464 9

Dépôt légal — 1re édition : 1982
6e édition : 1993, juillet


108, boulevard Saint-Germain, 75006 Paris

# INTRODUCTION

L'analyse transactionnelle, dont on peut situer l'introduction en France aux environs des années 1971-1972, connaît un succès qui va grandissant. Elle a été inventée par Eric Berne (1910-1970), médecin, psychiatre et psychanalyste.

Constitue-t-elle une version « populaire » de la psychanalyse comme l'affirme Martin Gross dans *Les psychocrates* (1) ou bien s'affirme-t-elle comme une vision profondément originale et nouvelle de la relation humaine ?

Quel est son avenir ? A quoi tient sa réussite ? Qui est son fondateur ? Quelles sont les limites de l'AT et ses champs d'application ?

Telles sont les questions qui seront abordées dans ce livre, qui se veut avant tout une première tentative de synthèse partielle des acquis et développements actuels de l'AT (2) et qui tente de faire le point sur ses originalités et spécificités.

**Définition de l'analyse transactionnelle selon Berne.** — La définition la plus simple que nous pouvons en donner est celle-ci : « L'Analyse transactionnelle est une méthode nouvelle de traitement des troubles affectifs », associée à une théorie nouvelle de la relation humaine et de la personnalité.

(1) Martin Gross, *Les psychocrates*, Paris, Robert Laffont, 1980.
(2) AT, Analyse transactionnelle, en abrégé.

En effet, cette méthode de traitement des troubles affectifs se fonde rationnellement sur des bases théoriques.

« L'analyse structurale et l'analyse transactionnelle offrent de la personnalité et de la dynamique sociale une théorie systématique et cohérente construite à partir d'une expérience clinique, et une forme de thérapie active et rationnelle qui convient à la grande majorité des malades relevant de la psychiatrie, qu'ils peuvent comprendre facilement, et qui se prête sans difficulté à leur cas » (p. 19, *Analyse transactionnelle et psychothérapie*) (3).

Sur ce passage, nous pouvons faire les remarques suivantes :

1. Il s'agit d'une nouvelle approche de la personnalité et de la relation humaine ; c'est une nouvelle théorie dotée de concepts et de méthodes spécifiques.

2. « Construite à partir d'une expérience clinique » : l'Analyse transactionnelle s'inscrit parfaitement dans le cadre de la psychologie clinique. Elle peut faire sienne la définition qu'en donne Lagache : « La science de la conduite humaine fondée principalement sur l'observation et l'analyse approfondie de cas individuels. »

En effet, c'est bien l'individualité psychologique de l'être qui est l'objet de l'étude, sa particularité, ce qui échappe aux procédés d'examens standardisés qui tentent de la saisir, et les déborde largement.

3. « Une forme de thérapie active et rationnelle » : si on classe les psychothérapies conventionnelles en deux groupes, opposant classiquement celles dont l'objet est de donner des conseils à celles dont l'objet est d'interpréter et d'analyser, on peut situer l'AT

(3) Eric BERNE, *Analyse transactionnelle et psychothérapie*, Payot, 1971.

à mi-chemin. En effet, si l'AT ne mésestime pas la puissance et le poids des fantasmes archaïques, elle est cependant soucieuse d'aider le malade à contrôler et tolérer ses angoisses et à les rendre supportables. Elle est donc interventionniste.

Elle est active au sens où elle associe le patient au travail thérapeutique en utilisant pour cela des méthodes qui fondent précisément sa spécificité.

4. « Qui convient à une grande majorité de malades et qu'ils peuvent comprendre facilement » :

Eric Berne estime que l'AT peut convenir à une majorité de cas, en particulier à des psychopathes, des personnes atteintes de schizophrénie latente, à des maniaques dépressifs et à des adultes retardés mentaux.

Le savoir transactionnaliste peut être partagé très facilement avec les patients ; c'est même une condition du succès de la thérapie.

**L'expérience « princeps ».** — Il convient ici de retracer l'expérience « princeps », celle qui provoqua chez Berne *l'insight*. C'est le célèbre cas « Segundo ».

Segundo était un célèbre avocat d'une ville importante des Etats-Unis qui consultait Eric Berne, car il se sentait très souvent « comme un petit enfant » ; il lui arrivait parfois de voler des chewing-gum et d'autres choses du même genre, ce qui ne manquait pas d'affoler en lui « l'avocat », être logique, froid, très habile à gagner de l'argent et à ne manquer de rien.

Une autre partie de lui-même rêvait au contraire de tout dépenser, de prodiguer à autrui, de faire preuve de générosité. Selon M. Segundo, il imitait en cela le sentimentalisme de son père.

Ce cas démontrait assez clairement aux yeux de Berne, la réalité des trois états du Moi. Ceux-ci n'étaient pas des idées commodes, mais des réalités ; citons Berne :

« Si l'on employait le terme d'enfant à propos de la personne qui volait des chewing-gums, ce n'est ni par facilité, ni parce que souvent les enfants font de petits larçins, mais parce que lui-même volait des chewing-gums quand il était enfant en employant la même technique.

L'Adulte était appelé ainsi, non parce que M. Segundo jouait le rôle d'un adulte en imitant le comportement des grandes personnes, mais parce que dans son activité d'homme de loi et dans ses opérations financières, il montrait une épreuve de réalité très sûre.

Le terme de Parent n'a pas été choisi en vertu de l'attitude traditionnellement paternelle ou maternelle des philantropes, mais parce que le patient imitait effectivement l'état d'esprit de son père lors de ses activités de bienfaisance. »

**Les méthodes de l'analyse transactionnelle.** — L'Analyse transactionnelle utilise quatre méthodes principales pour comprendre le comportement humain :

— l'Analyse structurale de 1er ou 2e ordre qui permet de comprendre ce qui se passe à l'intérieur d'une personne (niveau intrapsychique) ;
— l'Analyse transactionnelle qui permet de saisir ce qui se joue entre deux personnes (niveau interpersonnel) ;
— l'Analyse spécifique des jeux et des rackets, qui permet de comprendre certains types de transactions dont le dénouement comporte des sentiments désagréables ou qui se terminent mal ;
— l'Analyse du scénario qui permet de comprendre le « plan de vie » suivi par une personne.

## Chapitre Premier

# L'ANALYSE STRUCTURALE

## I. — Les trois états du « Moi »

L'individu dispose d'une personnalité nantie de trois instances de réflexion et d'action, qui se sont progressivement construites et développées au cours de l'enfance.

Le moi Parent est le siège de l'Appris, le moi Adulte est le siège du Pensé et le moi Enfant est le siège du Senti. Une partie de nous-mêmes ressent, vit des sentiments, des émotions et des besoins : c'est notre Enfant ; une deuxième partie interdit ou permet en fonction de l'acquis (c'est notre Parent) et une troisième arbitre et décide logiquement après réflexion (c'est notre Adulte).

On peut représenter la personnalité selon la figure 1 :

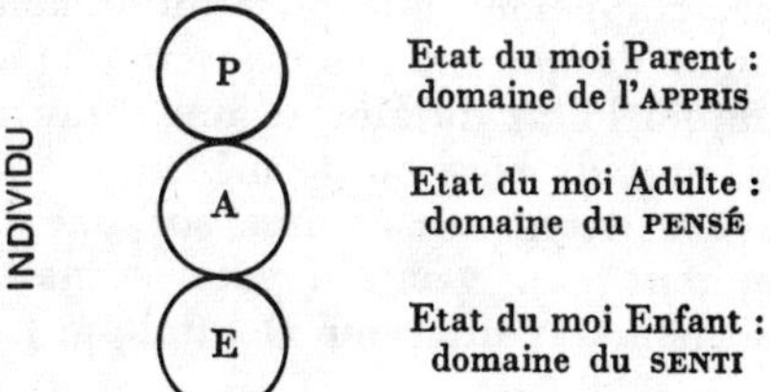


Fig. 1

Les différents états du Moi interagissent les uns sur les autres ; alternativement, en fonction des situations, l'un ou l'autre assure la conduite de l'individu ; il est exclu que deux états ou trois agissent de concert, mais ils peuvent par contre intervenir successivement lors d'une même situation.

Notons que ces trois états du Moi sont différents des concepts freudiens de Moi, Surmoi et Ça. En effet, le Moi ne se superpose pas absolument à l'Adulte, le Ça à l'Enfant ni le Surmoi au Parent. Il convient donc de disposer d'un œil et d'une oreille neufs pour décrire ces trois instances de la personnalité définies par Berne et ses disciples et notamment parce qu'en AT on s'intéresse plus au « comment » qu'au « pourquoi » ; « à l'ici et au maintenant » plus qu' « à l'ailleurs et à l'autrefois » ou à l'inconscient.

1. **Le moi Parent (P).** — « Parent » n'est pas pris ici dans l'acception d'ascendance-descendance, mais caractérise l'état du Moi qui agit lorsque nous répétons un comportement issu de celui de nos propres parents ou de ceux qui en ont tenu lieu. On voit donc que sans pour autant avoir eu d'enfant, toute personne est dotée d'un moi Parent. Dès le plus jeune âge, l'enfant peut avoir tendance à imiter ses parents, adopter certaines de leurs conduites ; on dira alors que c'est le moi Parent de l'enfant qui s'exprime. Rappelons que pour différencier le moi Parent du ou des parents, on utilisera une majuscule pour indiquer l'état du Moi, et une minuscule pour indiquer l'état de père ou de mère.

L'individu enregistre comme sur une bande de magnétophone son vécu, depuis sa naissance et peut-être même avant (voir Dominique Levadoux,

Otto Rank et Dr F. Leboyer) (1). Les recommandations, prescriptions, conseils, ordres, injonctions, habitudes... inculqués par les parents depuis la naissance jusqu'à l'adolescence, puis relayés par les maîtres, amis, et toute personne ayant une influence sur nous, vont constituer peu à peu notre stock de données du moi Parent. Lorsque nous réitérerons telle conduite tenue pour bonne par eux, on dira que c'est notre état du moi Parent qui est aux commandes, que nous sommes « branchés » sur notre Parent.

On peut considérer que le moi Parent est le siège et le garant des normes, des valeurs parentales traditionnelles, des règles sociales établies, des lois en vigueur. C'est lui qui détermine les valeurs morales, qui différencie le bien du mal, ce qu'il faut faire et ce qu'il ne faut pas ; c'est lui qui perpétue l'apprentissage de la politesse, des bonnes manières, du savoir vivre, des règles d'hygiène corporelle et alimentaire, des us et coutumes qui dictent notre comportement dans la vie quotidienne.

D'une certaine manière, on pourrait dire que le moi Parent, c'est le siège de la culture, de l'appris, du passé ; de façon plus opérationnelle, c'est à chaque fois que je reproduis volontairement ou non une attitude, une parole, un ton de voix, une habitude, une conduite que mes parents tenaient pour bonne et qui faisaient autorité pour moi.

Tous les individus se réapproprient ainsi en partie les prescriptions parentales et chaque fois que ce sont leurs parents qui s'expriment à travers eux, on dira qu'ils sont branchés sur leur état du moi Parent. A l'extrême, on peut dire que le moi Parent

(1) Dominique LEVADOUX, *Renaître*, Stock, 1979 ; Otto RANK, *Le traumatisme de la naissance*, Petite Bibliothèque Payot, 1976 ; Dr F. LEBOYER, *Pour une naissance sans violence*, Le Seuil, 1974.

est plein d'assurance, de certitudes, d'opinions, et fait généralement de belles déclarations, affirme péremptoirement, édicte des règles, des interdictions et définit les passages obligatoires et les passages interdits. C'est lui qui agit le plus souvent en cas de danger, dans les situations répétitives de routine, dans la vie quotidienne, dans ce qu'elle a de banal et de conventionnel ; cela explique que son mode d'expression soit le plus souvent affirmatif et déclaratif, voire autoritaire et vindicatif.

A titre d'exemple, prenons les cas suivants :

— La mère à sa fille : « Change ta robe qui est décidément très sale. »
— La mère à son fils : « Finis ton potage et tu grandiras. »
— Le père à sa fille : « Fais attention pour traverser la route. »
— Le père à son fils : « Range tes jouets, ta chambre est en désordre. »
— Le directeur à son adjoint : « Vous devez être plus ferme avec les employés. »
— La femme à son mari : « Tu vas encore nous mettre en retard, dépêche-toi. »

Le plus souvent, le moi Parent s'exprime du plus âgé vers le plus jeune, des parents vers les enfants, des supérieurs vers les subordonnés, mais il peut aussi s'exprimer dans le sens inverse, ainsi :

— La secrétaire à son chef de service : « Comment faites-vous pour tolérer des retards pareils ? »
— Le petit-fils à son grand-père : « Pépère, tu devrais mettre tes lunettes pour ne pas t'abîmer les yeux. »
— La fille à son père : « Papa, il faut mettre ta serviette. »

Il est bien évident que c'est le moi Parent qui sermonne, fait des reproches, mais aussi aide et conseille. C'est pourquoi nous arrivons à la différenciation suivante : le moi Parent critique ou autoritaire ou normatif, et le moi Parent nourricier.

*Deux sous-états du moi Parent.* — Le Parent critique (PC) ou Parent autoritaire (PA) est celui qui critique, juge, évalue, conserve, contrôle, interdit, montre du doigt, accuse, vitupère, proteste, ratiocine, ordonne de ne pas faire. C'est le « méchant » Parent, le Parent sévère et autocrate, celui qui engendrera l'attitude de contre-dépendance de ceux qui sont sous sa coupe (PC —), c'est aussi celui qui limite les comportements dans leurs outrances, veille à la sécurité d'autrui et est le garant des lois (PC +).

Le Parent nourricier (PN), au contraire, est celui qui aide, cajole, permet ou ordonne de faire, dit ce qui est bien et juste, soutient, caresse, console, compatit, supporte les problèmes et favorise leur résolution ; c'est celui qui tend la perche, remonte le moral, veille au grain. C'est le gentil Parent (PN +) mais qui peut aussi étouffer, accaparer, être trop possessif et paternaliste, voire démagogue. C'est le Parent qui induit l'attitude de dépendance chez autrui (fig. 2) (PN —).

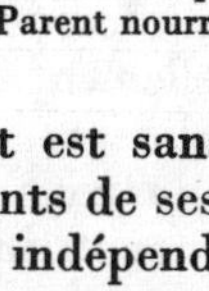


Fig. 2

Parent critique
et Parent nourricier

Le jeune enfant est sans arrêt aux prises avec les deux moi Parents de ses parents et construit en quelque sorte son indépendance, conquiert son autonomie en se frayant un passage entre ces deux tendances opposées du moi Parent.

Le passage sera d'autant plus facile qu'il n'y aura pas incohérence entre les prescriptions et les interdictions, entre les injonctions et les contre-injonctions (voir pages 91 et suivantes).

Il faut noter également que l'état du moi Parent enregistre surtout les transactions entre les deux parents de l'enfant. L'harmonie ou la discordance de ces deux parents modifiera considérablement le Parent.

Ainsi, dans le cas d'une mère « bonne mère » et d'un père « mauvais », le contenu du Parent de l'enfant sera discordant et *vice versa*.

Beaucoup de données utiles sont emmagasinées du fait du « bon parent », mais le matériel de l'autre parent étant contradictoire, voire générateur d'anxiété, le Parent en tant qu'entité sera affaibli ou fragmenté.

2. **Le moi Enfant (E).** — Le moi Enfant, qui est historiquement le premier, puisqu'il apparaît simultanément avec la naissance, est le siège des sensiments, des émotions, des besoins et des pulsions. C'est celui qui ressent la soif, la faim, le besoin de bouger, celui qui a besoin d'être aimé, qui a peur, qui a des colères, des chagrins, des tristesses et des joies. C'est donc sous son impulsion qu'on pleure, qu'on rit, qu'on joue. C'est l'enregistrement des événements intérieurs, les réponses du petit enfant à ce qu'il perçoit.

L'Enfant contient tous les désirs et sentiments qui apparaissent naturellement chez un individu. Ces impulsions et sentiments deviennent disponibles à différents stades de la vie. Ainsi un nouveau-né éprouve certains sentiments innés et des besoins qui varient avec l'âge, au moins jusqu'à l'adolescence, au fur et à mesure que son système nerveux et hormonal se développe.

L'état Enfant se décompose en deux sous-ensembles :

— l'Enfant adapté ;
— l'Enfant spontané (ou libre, ou naturel, selon les auteurs).

L'Enfant adapté à son tour se différencie en Enfant soumis et Enfant rebelle, selon qu'il s'adapte à la situation après acceptation ou contestation. Ainsi, on peut représenter le moi Enfant (fig. 3) :

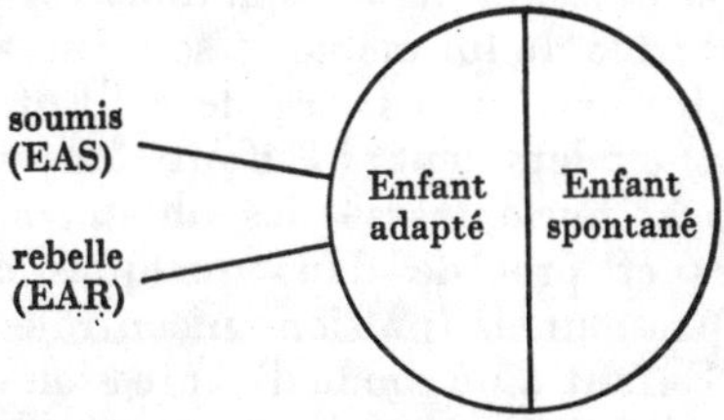

Fig. 3

A) *L'Enfant adapté.* — Il contient l'enregistrement intériorisé des décisions, habitudes et comportements résultant des expériences, de l'éducation et des messages des parents ou des figures parentales. Selon les circonstances, les pressions du milieu ambiant, les attitudes des parents, il s'exprimera soit en Enfant soumis qui admet, consent, s'incline et s'adapte simplement ; soit en Enfant rebelle qui discute, s'oppose, critique, conteste et ne se démet qu'après trépignations, colères, pleurs, cris ou caprices.

B) *L'Enfant spontané.* — C'est celui qui joue, parle au conditionnel (« je serais la maîtresse et toi tu serais l'élève »), qui est libre de toutes contraintes, ne s'autocensure pas. A ce titre, il est gai ou triste, rit ou pleure naturellement, est « franc du collier », dit les vérités qui ne sont pas bonnes à dire, s'émeut pour un congénère qui souffre, tape sur un moins fort que lui. C'est l'enfant sans contrainte, sans tabou, sans préjugés, qui s'étonne de tout et de rien, se retourne dans la rue sur les anomalies de ce monde.

L'aspect négatif de l'Enfant spontané peut faire du mal aux autres ou à soi-même, lorsqu'il s'exprime librement ou s'amuse à « faisons la course » sur une route dangereuse.

Quand la pression de ses émotions est telle qu'il perd le contrôle de lui-même et se laisse aller à des excès incontrôlés, on parlera de « l'Enfant fou ». C'est bien évidemment l'Enfant fou qui ne se contrôle pas, hurle, casse des objets, agresse ses partenaires et procède dans quelques cas à des meurtres passionnels (pulsions incontrôlées).

Le moi Enfant a un mode d'expression communicatif et expressif, il sait faire partager ses émotions et ses sentiments, il engage à la bonne humeur ou à la mélancolie. Comme pour les autres états du Moi, prenons quelques exemples de ses manifestations :

— L'enfant à son père : « Viens jouer à la bataille navale avec moi Papa. »
— L'enfant à sa mère : « Non, je ne finirai pas mes pommes de terre. »
— L'épouse à l'époux : « Et si on allait au cinéma ce soir ? »
— L'amant à la maîtresse : « Prenons la voiture et partons droit devant nous. »
— L'agent de maîtrise au cadre ingénieur : « Décompressez un peu et venez boire un café avec moi. »
— Le voisin à la voisine : « Vous allez user ces rosiers à force de les tailler. »

A travers ces exemples, il est aisé de comprendre que l'expression du moi Enfant est le plus souvent impulsive, elle suit l'inclination et la tentation du moment présent, sans préjugé ni censure. On considérera que si censure il y a, c'est qu'elle provient du moi Adulte : « Ce n'est pas opportun » ; ou du moi Parent : « Ça ne se fait pas. »

A défaut, le moi Enfant est facétieux, rieur ; c'est celui qui fait écrire les pensées de Pierre Dac, anime les chansonniers et les imitateurs, inspire les poètes et les chanteurs.

3. **Le moi Adulte (A).** — Adulte avec majuscule indique l'état du Moi et non l'état de la personne au-delà de 18 ans. Cet état du Moi se caractérise par sa vocation à l'objectivité, la raison, la logique. C'est une sorte d'ordinateur qui saisit des données, les combine intelligemment, les traite logiquement en procédant par inductions et déductions successives pour enfin prendre la bonne décision, entraîner l'une des meilleures, sinon la meilleure action, choisir la bonne solution.

L'Adulte est « principalement concerné par la transformation des stimuli en éléments d'information et par le processus et le classement de cette information sur la base de l'expérience antérieure » (2).

A travers l'Adulte, un enfant peut commencer à faire la différence entre la vie enseignée, et celle qui est sentie et pensée par lui-même.

Il existe toutefois le risque que l'environnement fournisse des données erronées ou que les analyseurs intellectuels ou sensoriels de la personne soient défaillants : dans ce cas, le moi Adulte peut se tromper, se fourvoyer, mal interpréter les termes du problème et courir à l'échec. Quand cela se produit, c'est en toute bonne foi et sans intention de nuire ou d'induire en erreur.

Le système nerveux n'est pas complètement dé-

(2) Eric Berne *Analyse transactionnelle et psychothérapie.*

veloppé à la naissance et se développe graduellement. La pensée logique ne commence pas avant la fin de la première année et progresse lentement jusqu'à l'âge d'environ 12 ans, lorsque la pensée abstraite devient disponible. C'est à cet âge que l'Adulte devient pleinement fonctionnel.

Le moi Adulte peut donc présenter des aspects positifs et négatifs, mais généralement c'est la part froide et réfléchie de la personne qui s'exprime, au-delà des préjugés ou des passions. Le moi Adulte est foncièrement réfléchi, logique et rationnel. Il n'est donc pas étonnant que le mode d'expression le plus fréquent de cet état du Moi soit le mode interrogatif, dubitatif (au sens cartésien), en vue de mieux saisir, comprendre, analyser, élucider, interpréter les données d'une situation.

Dans la vie quotidienne, la plupart de nos actions et de nos choix relèvent de l'habitude, du conditionnement, et ne nécessitent pas d'analyse détaillée. Enfin, le système éducatif est tel qu'il fait moins appel à la logique, à la pédagogie de la découverte, qu'au bon sens, à la tradition, aux affirmations pures et simples. Ainsi l'individu est peu souvent confronté à son moi Adulte et ne prend pas, pour ainsi dire, le réflexe d'y avoir recours. Cet état d'esprit est sans nul doute l'apanage d'une élite de savants, de chercheurs, de journalistes, de psychologues, d'ingénieurs, etc., habitués par leur métier, leur technique, à confronter les hypothèses à la lueur des faits concrets sur le terrain, ou à l'expérimentation en laboratoire.

Dans quelques disciplines dites scientifiques, les sujets prennent l'habitude d'activer cet état du Moi, et ce, dans le contexte scolaire ou professionnel, mais de façon moins courante dans leur vie personnelle et privée.

Ainsi doivent s'expliquer bien des déboires, des désillusions, et même des drames familiaux, conjugaux, amicaux et sociaux. Prenons quelques exemples pour situer les expressions les plus courantes de cet état du Moi :

— Le chef de service à ses employés : « Où en est-on ? De quoi s'agit-il ? Quel est le problème ? Que se passe-t-il ? Quels sont les faits ? Rappelez-moi les éléments de la situation. »
— L'entraîneur aux joueurs de football : « Quel est votre propre avis sur la question ? »
— Le professeur à son élève : « Si je vous comprends bien, vous pensez que... Ainsi, selon vous, il y a lieu de... En d'autres termes, il s'agit de... »
— Le maire à ses administrés : « Quelles sont les possibilités vu l'état actuel des choses ? »
— Le journaliste aux hommes politiques : « Dépassionnons le débat et observons les événements logiquement. »

Il est à noter que toutes ces expressions, si elles sont accommodées d'un ton sec et cassant, reviennent à exprimer l'état du moi Parent vu précédemment. L'intention compte autant que ce qui est dit *stricto sensu*. A cet égard, il n'y a donc pas de « ficelle », de « truc » pour se brancher sur son état du moi Adulte. Il est des messages non verbaux qui peuvent renverser un propos Parent en propos Adulte et *vice versa*.

Pour conclure sur le moi Adulte, répétons que c'est une instance d'arbitrage habituée généralement à faire la synthèse des sollicitations des moi Parent et Enfant, et qui, dans certains cas, prend la décision en dernier ressort. On peut présenter cet état de fait par l'exemple suivant (fig. 4 ci-après).

Le moi Adulte existe rudimentairement chez l'enfant dès l'apparition du langage, mais on considère qu'il ne sera pas complètement formé avant l'âge de 12 à 14 ans. Ce n'est en effet qu'à cet âge-là que l'adolescent ou le pré-adolescent sont capables de

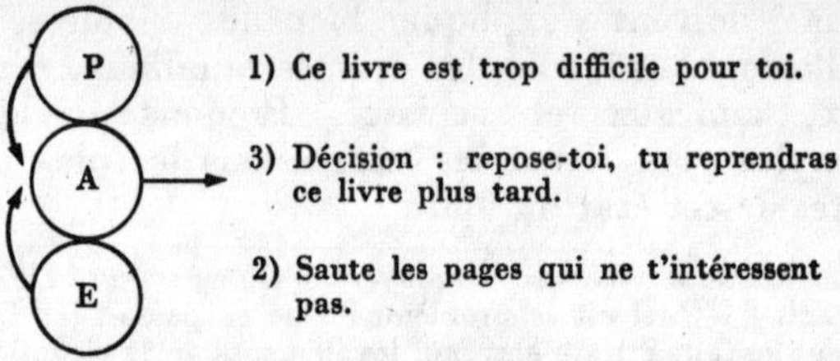


Fig. 4

se dégager des figures d'autorité parentales et de se prendre en charge, tant sur le plan de la pensée que sur le plan de l'action.

Selon certains auteurs, il y a deux sous-systèmes du moi Adulte :

— un adulte rationnel,
— un adulte intuitif,

correspondant vraisemblablement aux deux hémisphères du cerveau (cf. travaux de R. W. Sperry, prix Nobel de médecine, 1981, et de N. Hermann, Université du Texas).

Par ailleurs, Berne pense que l'Adulte « fait preuve de trois types de tendances : un attrait et une vivacité personnelle, une élaboration de données objectives et une responsabilité éthique, représentant respectivement les éléments archéopsychiques, néopsychiques et extéropsychiques » (3).

Enfin, certains auteurs, comparant l'Adulte à un ordinateur, disent qu'il y a une fonction mémoire et une fonction combinatoire dans l'Adulte, distinctes l'une de l'autre. C'est une chose, en effet, de stocker l'information et de la rappeler ; c'en est une autre de la traiter en combinant ces données entre elles.

(3) E. Berne, *Analyse transactionnelle et psychothérapie.*

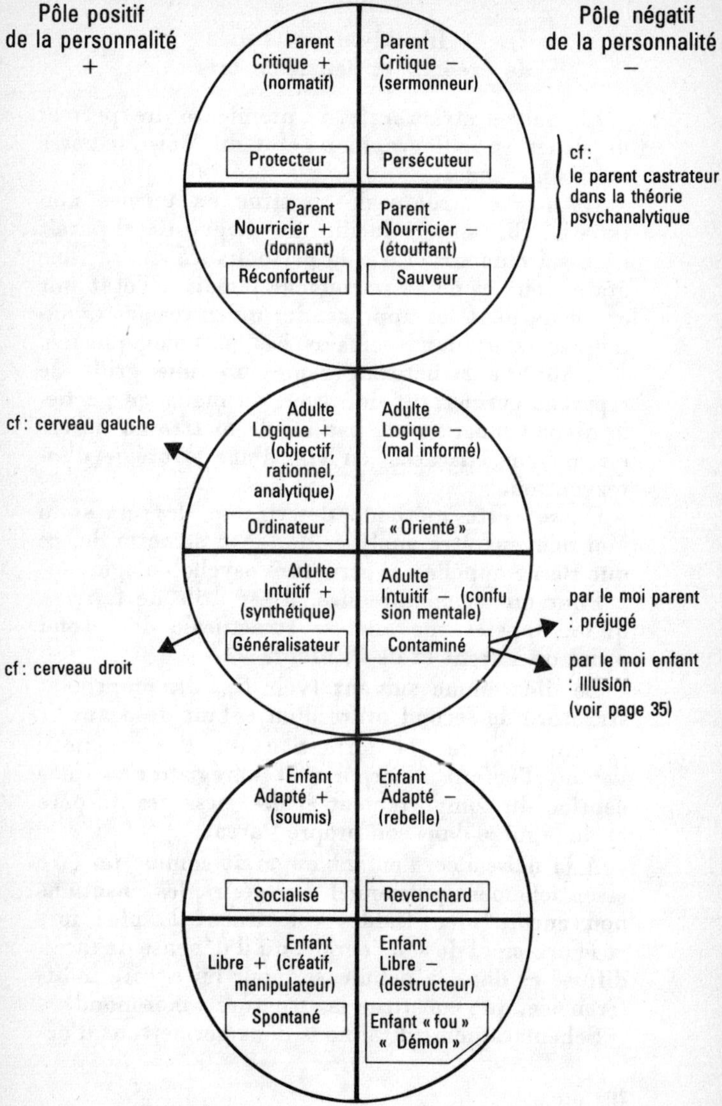


**Présentation didactique du diagramme de la personnalité en analyse transactionnelle**

## II. — L'analyse structurale de premier et deuxième ordre

L'Analyse structurale de premier ordre permet de situer et radiographier l'état du Moi qui passe aux commandes.

L'Analyse structurale se situe en termes non fixistes. Si, pour la facilité du diagnostic, il paraît nécessaire de structurer la personnalité en ces trois états, ceux-ci ne se retrouvent jamais à l'état pur et on ne peut les appréhender qu'en termes dynamiques (sauf dans certains cas pathologiques).

L'Analyse structurale représente une grille de repérage permettant de situer, du moins en partie, le niveau d'action et, par là, de mettre en œuvre les moyens efficaces, en vue d'une stratégie d'intervention.

Outre cette méthode descriptive, les états du Moi peuvent être analysés de façon structurale, ce que Berne appelle « la structure psychobiologique ».

Pour mieux comprendre, il est utile de faire ce qu'on appelle une analyse structurale de second ordre du Parent et de l'Enfant.

Le diagramme suivant (voir fig. 5), montre la structure de second ordre d'un enfant de 8 ans.

Pour illustrer la formation du Parent, nous voyons l'enfant incorporer et enregistrer sa perception du comportement et des messages du père et de la mère dans son propre Parent.

A la naissance, l'enfant apparaît comme un être essentiellement pulsionnel. Les désirs, les sensations non encore identifiables constituent le plus fort et le principal de son énergie, qu'il dépense de façon diffuse et dans la nébuleuse, pour lui encore indifférenciée, que constitue la structure « moi-monde ».

Schématiquement, si nous nous permettons d'oc-

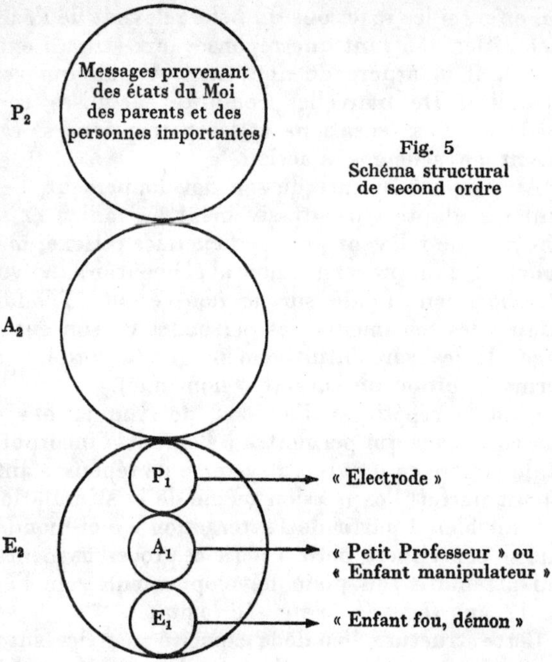


Fig. 5
Schéma structural
de second ordre

culter le dispositif héréditaire, l'enfant n'existe et ne communique que par sa nature inorganisée, réflexe et entière. En termes d'analyse transactionnelle, c'est l'Enfant dans l'Enfant (E1) qui existe en tant que centre et source d'énergie. Au long de son existence, c'est principalement à partir de là que s'exprimeront les émotions, sensations, sentiments d'un individu.

Durant le premier mois de sa vie, l'enfant réagit aux stimuli extérieurs en termes d'exercices réflexes. Mais cette activité réflexe est loin d'être passive.

En effet, si les réactions du bébé relèvent de l'exercice réflexe en tant que réponses aux stimuli extérieurs, il incorpore de nouveaux stimuli qui sont assimilés. De nouvelles conduites acquises commencent. Les sensations et les perceptions s'organisent en schémas d'action.

Au fur et à mesure de son développement, l'enfant « s'adapte » progressivement au milieu et ses réponses ne relèvent plus de l'exercice réflexe, mais émanent d'un processus mental élémentaire, en voie d'élaboration, fondé sur le non-verbal. L'Enfant « sait » les sentiments des personnes de son entourage. Il les sait intuitivement (en accordant au terme intuition un caractère non inné).

C'est la répétition d'actions, de stimulations de son entourage qui permettra à l'enfant d'incorporer et de mettre en œuvre un système de réponses anticipant parfois l'expression même de la stimulation.

C'est bien à partir de l'interaction « moi-monde » que se constituera petit à petit ce processus mental, qui atteindra son plein développement vers l'âge de 12 ans (âge de la pensée logique).

Cette structure, lien de la capacité créatrice, intuitive et logique, s'appelle l'Adulte dans l'Enfant (A1).

L'Adulte dans l'enfant ne pourra trouver son expression harmonieuse que dans la mesure où les figures parentales ne viendront pas le contrarier, par crainte notamment de perte de pouvoir, ou par refus de voir grandir l'enfant.

Au cours de son développement, l'enfant rencontre un environnement de plus en plus complexe. Il convient de parler des environnements et non de l'Environnement. Face à cet univers, l'enfant s'organise et, petit à petit, apprendra comment s'entendre avec telle ou telle personne de son entourage.

L'enfant prend alors des décisions, qui seront les

bases d'un ou plusieurs schémas de comportement en réponse à telle ou telle stimulation.

La structure d'où résultent ces décisions s'appelle le Parent dans l'Enfant (P1). (« Berne l'a dénommée « électrode » car il s'agit d'un ordre intériorisé par une personne qui lui dicte son comportement, telle une impulsion électrique à laquelle on ne peut se soustraire. »)

L'analyse structurale de second ordre du Parent (P2) réside dans le fait qu'on y trouve les enregistrements du Parent, de l'Adulte et de l'Enfant des figures parentales. (« Figures parentales » signifie : les parents ou les personnes ayant une influence parentale dans la vie de l'individu).

Les messages transmis sont de tous ordres (culturels, politiques, sociaux...). Tout au long de son existence, le Parent peut assimiler de nouvelles stimulations.

Il est important de se souvenir qu'à chaque moment de notre existence, nous enregistrons ce que font des personnes importantes dans notre vie (enregistrement dans notre Parent). Nous enregistrons ce que nous ressentons, pensons et décidons (dans notre Enfant).

Exemple montrant comment une personne peut répondre de différentes façons à un seul stimulus :

Une femme ayant de multiples tâches à effectuer dans sa maison peut réagir de plusieurs façons :

— *Venant de l'état du moi du Parent :*

Parent dans la mère : Une femme doit savoir tenir sa maison.

Adulte dans la mère : J'ai beaucoup d'appareils ménagers et je sais m'en servir.

Enfant dans la mère : C'est fatigant et j'en ai assez.

Parent dans le père : Les femmes exécutent les tâches ménagères.

Adulte dans le père : Je n'ai pas d'information sur le mode d'emploi des appareils. Il vaut mieux ne pas y toucher.
Enfant dans le père : C'est chouette un robot balai.

— *Venant de l'état du moi Adulte :*

Rationalisation des travaux à effectuer, ordre d'importance, préparation du matériel, etc.

— *Venant de l'état du moi Enfant :*

Parent dans l'Enfant : Si je n'avais pas une maison si grande !...
Adulte dans l'Enfant : Mon mari va faire les chambres.
Enfant dans l'Enfant : Vivement les vacances.

**Certains auteurs se sont attachés à repérer de quelle manière verbale et non verbale s'exprimeront les différents états du Moi. C'est ce qu'il est convenu d'appeler les indicateurs des états du Moi ; ils nous aideront à percevoir sur quel état du Moi chacun d'entre nous est branché, lequel est activé (4).**

(4) Gysa Jaoui, dans *Le triple Moi* (Robert Laffont, 1979), en donne une bonne récapitulation.

## Chapitre II

# L'UNITÉ D'ÉCHANGE AVEC AUTRUI : LA TRANSACTION

« L'unité de rapport social est appelée Transaction. Si deux personnes, ou davantage, se rencontrent... tôt ou tard, l'une d'elles parlera ou manifestera par quelque autre signe qu'elle reconnaît la présence d'autrui. L'on nomme ce phénomène un stimulus transactionnel. Une autre personne, à ce moment, dira ou fera quelque chose qui se relie de façon quelconque à ce stimulus, et qui a nom réaction transactionnelle » (1).

Lorsqu'on étudie le jeu des stimuli et des réactions transactionnelles échangés, on procède à une analyse transactionnelle. Celui qui s'y livre peut être appelé un Analyste transactionnel, quel que soit son champ d'application.

La transaction est l'unité de mesure de base des échanges entre les gens.

Ainsi, on pourra étudier des transactions psychologiques, des transactions sociales, voire des transactions internationales.

A ce titre, l'AT est un excellent outil d'étude et de compréhension des interactions entre personnes, groupes et sociétés. Elle sert à comprendre l'enjeu des relations et à démêler ce qui se passe réellement entre deux personnes.

Les transactions sont de deux ordres : les transactions simples et les transactions à double sens, plus complexes à déchiffrer.

(1) Eric Berne, *Des jeux et des hommes*, Paris, Stock, p. 31.

## I. — Les transactions simples

Elles sont directement décodables. Leur sens est à lire au premier degré et elles ne laissent que peu de place aux interprétations ambiguës.

1. **Les transactions parallèles ou complémentaires.** — L'émetteur vise un certain état du Moi chez le récepteur et c'est bien de cet état que ce dernier lui répond (fig. 6).

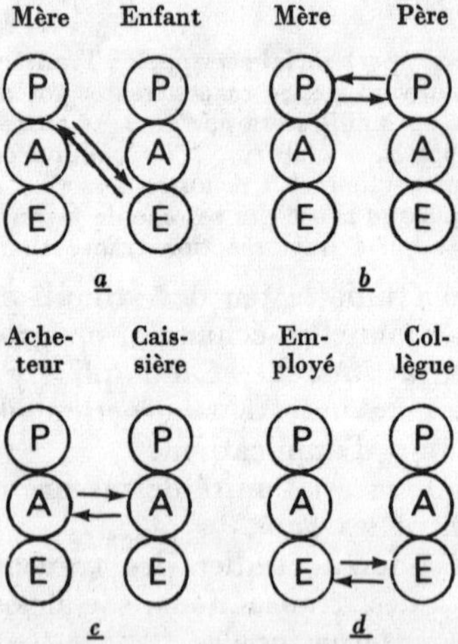


Fig. 6

*a)* Le Parent de l'émetteur s'adresse à l'Enfant du récepteur : *Par exemple : La mère à l'enfant : « Viens ici tout de suite. »* Réponse transactionnelle : « *Oui, maman* », ou « *J'arrive tout de suite.* »

*b)* Le Parent de l'émetteur s'adresse au Parent du récepteur : *Par exemple : La mère au père : « Notre fils ne s'améliore pas. »* Réponse transactionnelle : « *Ne m'en parle pas ; hier, il m'a injurié.* »

*c)* L'Adulte de l'émetteur s'adresse à l'Adulte du récepteur : *Par exemple : L'acheteur rédigeant un chèque à la caissière : « Quel jour sommes-nous ? »* Réponse transactionnelle : « *Le 29 juillet.* »

*d)* **L'Enfant de l'émetteur s'adresse à l'Enfant du récepteur :**
***Par exemple : L'employée à une collègue : « Tiens ! je vous offre un café. »***
**Réponse transactionnelle : « *Ce n'est pas de refus.* »**

**2. Les transactions croisées.** — L'émetteur vise le même état du Moi que celui à partir duquel il s'exprime, mais c'est un autre état du Moi qui lui répond (fig. 7).

*a)* **Le Parent de l'émetteur s'adresse au Parent du récepteur :**
**— Le fils : « Mes amis sont tous des menteurs et des bons à rien. »**

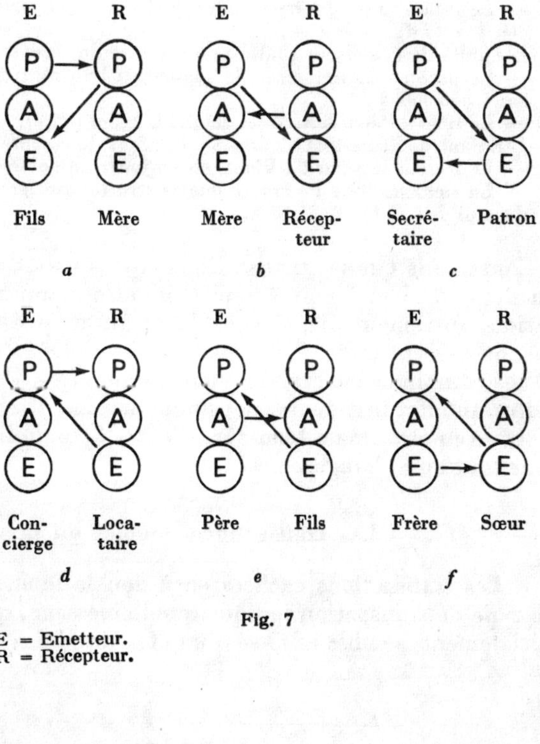


Fig. 7

E = Emetteur.
R = Récepteur.

et le Parent du récepteur répond à l'Enfant de l'émetteur :
— La mère : «Au lieu de critiquer les copains, finis donc tes devoirs » (7 *a*).

*b)* Le Parent de l'émetteur s'adresse à l'Enfant du récepteur :
— La mère : « Fais ton lit et range tes affaires. »
et l'Adulte du récepteur répond à l'Adulte de l'émetteur :
— « S'agit-il vraiment là de choses si importantes pour toi ? » (7 *b*).

*c)* Le Parent de l'émetteur s'adresse à l'Enfant du récepteur :
— La secrétaire à son patron : « Détendez-vous et décompressez. »
— Le patron à sa secrétaire : « Venez me masser et je me détendrai » (7 *c*).

*d)* Le Parent de l'émetteur s'adresse au Parent du récepteur :
— La concierge : « Il n'y a plus de bon voisinage de nos jours. »
— Le locataire : « Pourriez-vous m'aider à retrouver mes clés ? » (7 *d*).

*e)* L'Adulte de l'émetteur s'adresse à l'Adulte du récepteur :
— Le père : « Les chances de gagner au loto sont de 1 sur 1 000 000. »
— Le fils : « Papa, laisse-moi choisir le billet » (7 *e*).

*f)* L'Enfant de l'émetteur s'adresse à l'Enfant du récepteur :
— Le frère à sa sœur : « Viens, on va jouer au docteur. »
— La sœur au frère : « Est-ce que ce sera toi qui feras le docteur ? » (7 *f*).

Constatons que les transactions croisées sont fréquentes et aboutissent à une mauvaise communication, autrement dit, ce sont celles qui ne passent pas, ou passent mal.

Les combinaisons croisées sont nombreuses. Pour éviter un effet fastidieux, nous nous sommes limités à six exemples, mais bien sûr, d'autres possibilités sont tout aussi imaginables.

## II. — Les transactions doubles ou duplex

1. **Les transactions cachées ou à double fond. —** Ce type de transaction indique que le message, qui, initialement, semble adressé d'un état du Moi à son

vis-à-vis, est en fait dirigé vers un autre état du Moi de l'interlocuteur (transaction complémentaire officielle, transaction croisée officieuse) (exemple : fig. 8).

— Le contremaître du service production au contremaître du service entretien : « Les prix de revient ont grimpé de 8 % ce mois-ci » (1).
— Le contremaître d'entretien répond : « Savez-vous que les prix de vente, eux, sont montés à plus de 12 % ? » (2).

En réalité, le contremaître de production cherche secrètement à raviver la vieille querelle selon laquelle les gens de l'entretien grèvent les budgets et qu'il serait plus économique de sous-traiter les problèmes de maintenance avec un service extérieur. Aussi cet échange à « fleuret moucheté » doit, pour un témoin averti, être décodé de la manière suivante :

— Le contremaître de production : « Par votre faute, les prix de revient ont augmenté de 8 % ce mois-ci » (1 *bis*).
— Le contremaître d'entretien : « Aucune importance puisqu'il a été possible de les répercuter sur le prix de vente des produits » (2 *bis*).

Cette transaction peut être représentée selon la figure 8 :

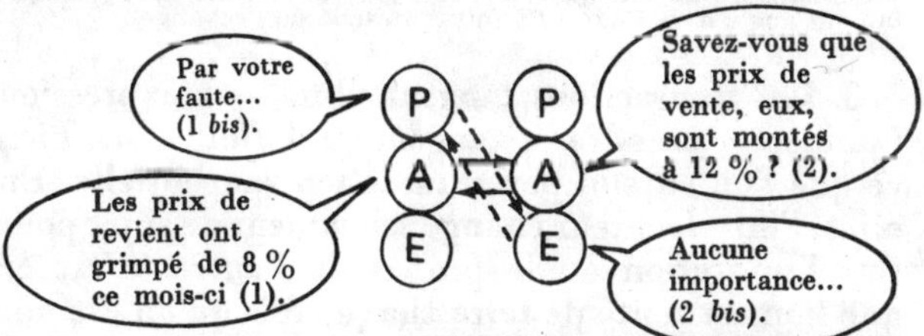


Fig. 8

**2. Les transactions angulaires.** — Ce cas revient au même que le précédent, mais à la seule différence que l'interlocuteur, ici, ne comprend pas l'enjeu, décode donc le message au premier degré et subit l'intention cachée, donc la manipulation de plein fouet. Il ne peut pas y avoir dans ce cas, renvoi du « berger à la bergère ». Nous en donnons l'exemple familier (fig. 9).

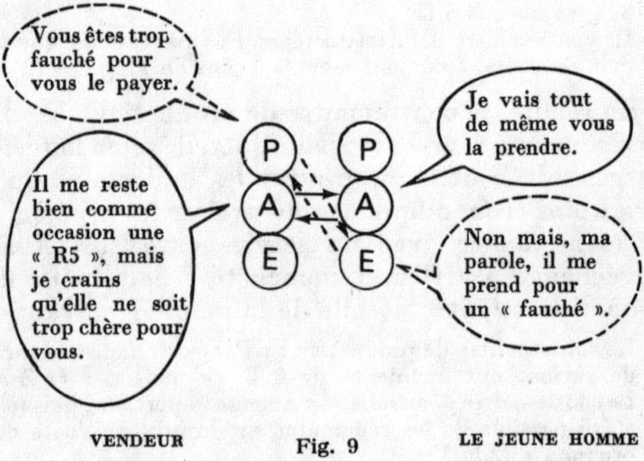


Fig. 9

Vendeur : Manipulateur, cherchant à accrocher l'enfant envieux du jeune homme.

Jeune homme : qui veut s'acheter une voiture.

*N.B.* — La transaction cachée est figurée en pointillé. Elle est dite angulaire du fait que l'axe A/A (niveau officiel de l'échange) fait un angle avec l'axe P/E (niveau caché de l'échange).

**3. Les transactions tangentielles.** — L'expression familière « prendre la tangente » définit assez bien ce que l'on entend par transaction tangentielle. En effet, l'interlocuteur change sciemment de sujet pour fuir l'invitation ou le propos de l'autre. C'est ce que l'on est tenté de faire chaque fois qu'on est mis en difficulté ou qu'on veut éviter une situation désagréable et gênante. Donnons-en quelques exemples :

Le patron et la secrétaire :

— *Où avez-vous classé le dossier Dupont ?*

— *Pourquoi ?*

Le professeur et le candidat lors d'un oral :

— *La guerre de 39-45 ?*
— *On ne peut guère évoquer la guerre de 39-45 sans rappeler la crise de 36.*

Les candidats à la présidence de la République, un soir à la télévision :

— *Que pensez-vous du retour à l'étalon-or ?*
— *L'étalon-or n'est pas le problème majeur des travailleurs ni des 2 millions de chômeurs qui nous écoutent.*

La transaction tangentielle est l'occasion de démissions, de malentendus, de pièges sournois, de manipulations psychologiques lorsqu'elle est volontaire. Elle peut être involontaire mais, de toute façon, fausse la relation et la bonne tenue du débat.

*Un cas particulier de transaction cachée : « La transaction du pendu ».* — Rire sous cape des malheurs d'autrui, ou rire jaune de ses propres malheurs, constitue ce qu'il est convenu d'appeler une « transaction du pendu ». C'est le cas lorsque l'information est échangée au 1er degré au niveau des deux Adultes des interlocuteurs, mais contient un sens déprécié de second degré au niveau de leurs deux Enfants :

Illustrons le cas par la figure 10 page 32.

Il est évident que dans cet exemple, les mères cherchent à se consoler de leur malheur respectif en le masquant par le jargon psychologique.

Autre exemple de « transaction du pendu » dans un cas d'alcoolisme :

Pierre : « J'ai battu mon record hier au soir : j'ai bu 17 canettes de bière. »

Paul : « Et moi, mon vieux, sais-tu que j'en suis à ma huitième cure de désintoxication ? »

Enfin, dans le dernier exemple, il est clair que rire de leur père, pour ces deux adolescents, revient à rire de leurs propres malheurs d'enfants :

Jacques, 18 ans : « Mon père était tellement vieux jeu qu'il nous fouettait encore au martinet, il y a seulement trois ans. »

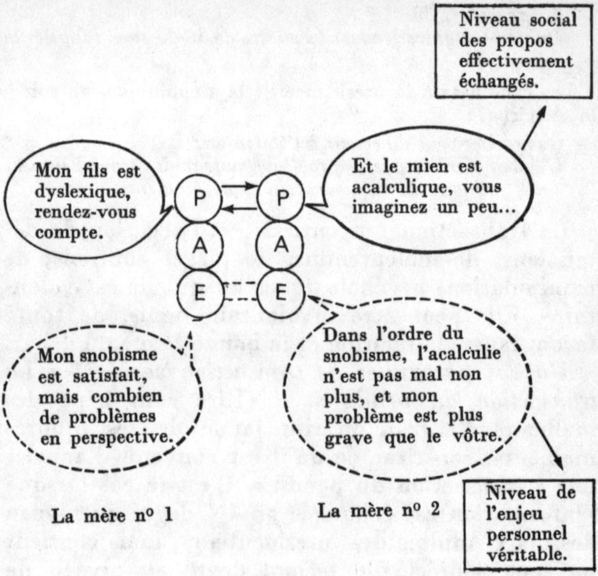


Fig. 10

**Louis, 19 ans : « Et le mien l'était tout autant, il nous obligeait à réciter le bénédicité devant des étrangers. »**

En thérapie, il convient de se méfier tout particulièrement des transactions du pendu qui sont souvent indicatives de tendances suicidaires ou pour le moins dévalorisantes.

La typologie ci-dessus n'aurait guère d'intérêt si elle ne devait servir à repérer la nature des échanges entre personnes pour mieux les appréhender, les comprendre, les analyser et les rendre plus efficaces et plus opérationnels. Un des objectifs de l'AT est bien sûr d'apprendre à reconnaître les transactions, à les décroiser ou à les élucider lorsqu'elles sont troublées et en porte à faux. Ce travail peut être effectué par un analyste ou par les protagonistes eux-mêmes lorsqu'ils sont confrontés à leur « incommunicabilité ». L'application se fait au niveau couples, parents-enfants, supérieurs-subordonnés, amis, etc.

L'analyse, en termes de transactions, est une clé facile pour démêler les nœuds conflictuels, les mauvaises relations.

En conclusion, les transactions complémentaires permettent une réponse appropriée et prévisible au message émis par l'émetteur. La communication en est facilitée (Emetteur : P → E, Récepteur : E → P).

Les transactions croisées ou cachées, elles, bloquent ou freinent la communication et aboutissent à un dialogue de sourds (Emetteur : A → A, Récepteur : P → E).

Dans le cadre du travail ou des problèmes familiaux, les transactions les plus souhaitables, parce que les plus productives de solution et de sérénité, sont celles qui s'établissent d'Adulte à Adulte. Dans ce type de transaction, on essaie de s'intéresser au problème à résoudre et d'y apporter chacun des solutions, plutôt qu'à se défendre, se rebeller, se soumettre (Enfant) ou se justifier, faire la morale, « prêcher » (Parent).

Toutefois, d'autres transactions peuvent satisfaire les besoins affectifs et intellectuels des personnes en présence ; par exemple, tel employé a besoin d'être corrigé et contrôlé, en un mot soumis à son supérieur hiérarchique. La transaction la plus efficace sera celle de Parent à Enfant. Néanmoins, il est le plus souvent souhaitable de prendre l'initiative de décroiser les transactions pour les acheminer progressivement vers des dialogues d'Adulte à Adulte, et d'élucider les transactions complexes (cachées, tangentielles ou angulaires).

Rappelons, enfin, ces quatre règles fondamentales qui régissent les relations humaines en termes d'AT :

— une relation se poursuit tant que la transaction est parallèle ou complémentaire (il n'y a pas de raison que cela s'arrête, disait Berne) ;
— lorsque la transaction est croisée, la relation est soit stoppée, soit modifiée ;
— lorsque la transaction est cachée, l'issue de la relation est déterminée par son niveau psychologique ;
— lorsque le récepteur d'un message à double fond choisit de répondre au message apparent, un « jeu » est automatiquement enclenché (voir chap. VII).

CHAPITRE III

# LES DYSFONCTIONS DES ÉTATS DU MOI

Parler de structures de la personnalité et d'états du Moi conduit à s'interroger sur leurs dysfonctions éventuelles. Il serait même concevable de parler de pathologie des états du Moi.

## I. — La contamination

Chez un individu, il peut se faire qu'à un moment donné, dans une situation particulière, l'expression d'un des états du moi « Parent » ou « Enfant » vienne corrompre, tromper la décision du moi « Adulte ». Ces situations peuvent être représentées par les schémas suivants :

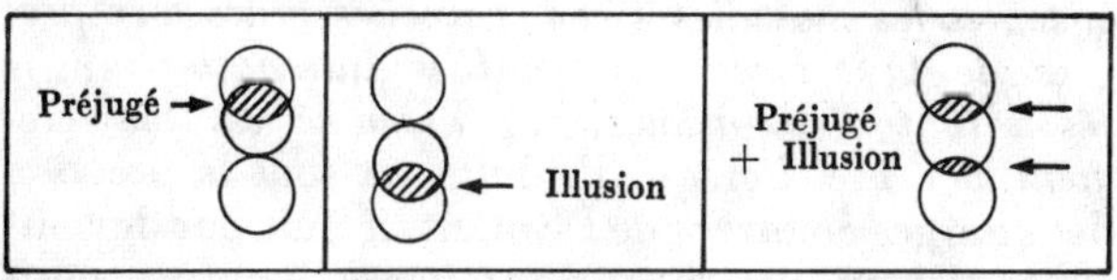


Fig. 11 Fig. 12 Fig. 13

Dans la figure 11, le Parent contamine l'Adulte, lui faisant considérer comme actuelle, vérifiée, logique, réaliste, rationnelle, une décision ou une opinion qui ne l'est pas.

C'est le cas lorsque l'Adulte puise ses réflexions dans le dictionnaire des idées reçues, tombe dans le piège du préjugé.

Chaque fois qu'on procède à des généralisations, on prend ce risque (les femmes, les Noirs, les homosexuels, les psychologues, etc.).

*Exemples de décisions prises dans ce cas :*

— des parents refusent à leur fille mineure le droit de se marier avec un étranger, sous prétexte que tous les mariages entre étrangers sont un échec ;
— un employeur refuse d'embaucher du personnel nouveau, car, selon lui, il est actuellement impossible de se séparer du personnel qui n'est pas à la hauteur de sa tâche ;
— un adolescent ne veut pas expliquer à ses parents ses problèmes sentimentaux, car, d'après lui, ils ne sont pas en mesure de le comprendre, ce à quoi le grand-père rétorque que le conflit des générations est inévitable, etc.

Dans tous ces cas, on peut dire que le Parent a contaminé l'Adulte.

De même l'Enfant peut contaminer l'Adulte, et alors la personne n'est plus le jouet de ses préjugés, mais de ses illusions (fig. 12). Cela peut donner à l'Adulte des certitudes telles que : *ne nous pressons pas, le temps travaille pour nous ; encore cinq ans et toutes les maladies seront vaincues grâce aux progrès de la science ; les conflits internationaux se résoudront d'eux-mêmes, car l'homme est foncièrement bon*, etc. Lorsque l'Adulte est sous la pression des charges émotives de l'Enfant, il finit par devenir superstitieux positivement (charge émotive positive = aujourd'hui tout me réussit) ou négativement (charge émotive négative = aujourd'hui je ne suis pas dans un bon jour et tout marche de travers).

A un degré supérieur, la contamination peut conduire aux délires et aux hallucinations. En AT, on dira que l'Enfant contamine l'Adulte lorsque le sujet entend des voix, des menaces, a l'impression que le ciel lui tombe sur la tête.

Les délires de relation, rencontrés chez certaines personnes, relèvent du même processus de contamination de l'Adulte par l'Enfant. A moins de lésions des centres nerveux supérieurs, on imagine à quelle aberrante éducation, à quelles outrances verbales ou non verbales, ce sujet a dû être confronté lorsqu'il était enfant.

Plus grave, dans l'ordre des dysfonctions, est la double contamination (fig. 13) où l'Adulte est le jouet à la fois du moi Parent et du moi Enfant.

Ainsi, il vit de préjugés en même temps qu'il se fait des illusions sur lui, sur les autres et sur l'environnement. Pas de réalisme dans la vision des choses, mais de l'idéalisme, et le tout sur un fond de préjugés, d'idées toutes faites généralement utopiques.

**Interaction des préjugés et des illusions.** — Notons que *préjugé* et *illusion* se renforcent mutuellement. C'est généralement l'illusion en provenance du moi Enfant qui vient renforcer le préjugé en provenance du moi Parent.

En effet, il n'y a guère de préjugés, de stéréotypes, qui ne soient alimentés par les désirs. A l'inverse, la décontamination de l'un entraînera fréquemment la décontamination de l'autre.

## II. — L'exclusion

Il peut se faire qu'un ou deux états du Moi soient nettement dominants et étouffent en quelque sorte les autres (que le lecteur excuse ici cette description mécaniste du psychisme à laquelle nous avons recours pour des raisons didactiques évidentes).

Dans ce cas, on parlera d'exclusion d'un des états du Moi ou de double exclusion de deux des états du Moi.

Fig. *a* Fig. *b* Fig. *c*

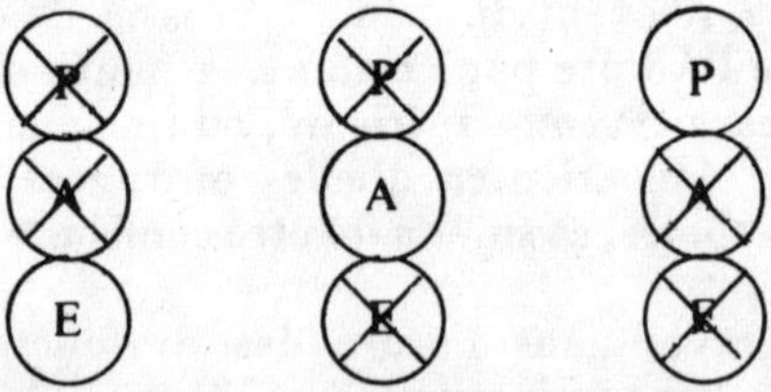


Fig. 14

*a.* — Exclusion des moi Parent et Adulte. L'individu reste un éternel enfant, un joueur.

*b.* — Exclusion des moi Parent et Enfant. L'individu est un ordinateur impersonnel et froid (ex. : le technocrate).

*c.* — Exclusion des moi Adulte et Enfant. L'individu n'est qu'un sermonneur.

## III. — La symbiose de premier ordre

Lorsque se superposent chez le même individu les phénomènes de contamination et d'exclusion, on dit qu'il y a symbiose et que l'individu confronté à autrui procède à des jeux.

Les cas symbiotiques :

— contamination de l'Adulte par le moi Parent avec exclusion du moi Enfant (fig. 15) ;

— contamination de l'Adulte par le moi Enfant avec exclusion du moi Parent (fig. 16).

Le cas de la figure 15 peut être illustré par l'exemple d'un personnage autoritaire, ou protecteur, plein de dogmes et d'assurance, qui veille au bon ordre des choses. Un pur spécimen de ce type d'individu est le cadre débordé par son travail, qui s'investit uniquement au bureau, ne juge pas la vie de famille et les loisirs intéressants en soi, et, polarisé qu'il est

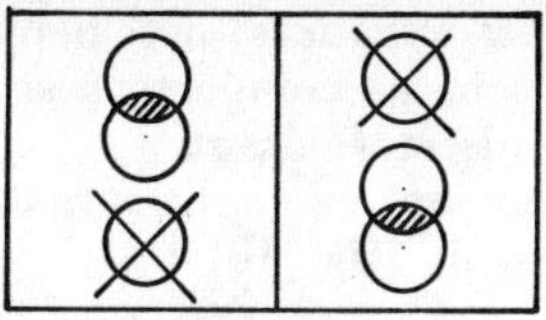

Fig. 15 Fig. 16

par ses activités professionnelles, finit par ennuyer tout le monde autour de lui (collègues, supérieurs, subordonnés, femmes et enfants).

Quant au cas de la figure 16 ce peut être un personnage « léger », sans frein social ni contrainte.

Lorsque contamination et exclusion se superposent chez une personne, elle ne peut plus alors établir de relation libre et autonome avec une autre personne ; c'est pourquoi, on dit qu'elles entrent en symbiose ou établissent entre elles des relations symbiotiques.

On représente généralement la symbiose de premier ordre de la manière suivante (fig. 17).

*Exemples de symbioses :*

Monsieur travaille, rapporte l'argent nécessaire au ménage, le gère au mieux des intérêts communs, tandis que Madame joue les femmes-enfants gâtées, dépendantes, voire soumises. Par contre, au plan de l'intimité du foyer, Madame administre les en-

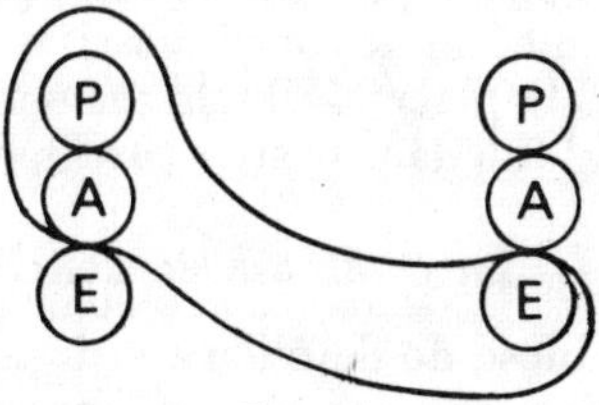


Fig. 17

fants, décide des vacances, des menus, des invitations, et Monsieur se comporte à son tour comme un enfant soumis et tolérant.

Schématiquement, une telle situation est représentée comme suit (fig. 18) :

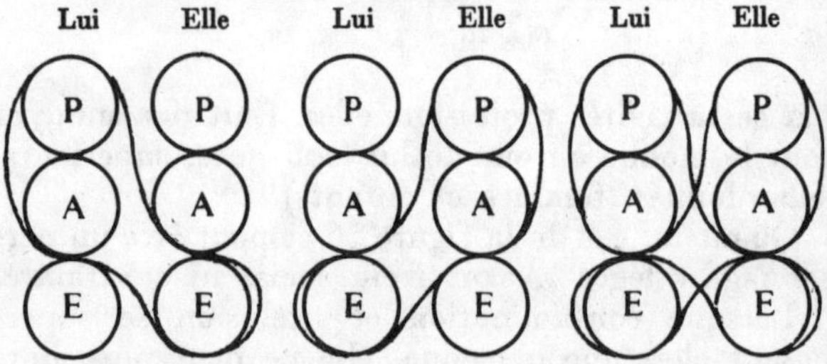


Fig. 18

Le même type de symbiose et de contre-symbiose peut se trouver chez le frère et la sœur, le contremaître et l'ouvrier syndiqué, la patron et la secrétaire, les enfants de 30 ans et leurs parents de 60 ans, etc.

On notera d'ailleurs qu'il s'établit au niveau des familles, des entreprises, des institutions et organismes de tous ordres, de véritables « petits trains symbiotiques » (ou chaînes symbiotiques) où chacun des maillons reproduit le déséquilibre et où tous les états du Moi ne sont investis qu'en fonction du rang ou de la place hiérarchique occupée dans la sphère familiale ou dans la structure institutionnelle.

## IV. — La symbiose de deuxième ordre

Il y a symbiose de deuxième ordre, lorsque dans une transaction entre deux personnes, le discours de l'un est émis par son Enfant dans l'Enfant (Enfant fou-démon) et que l'autre répond depuis son Parent dans l'Enfant.

Nous allons, pour illustrer ce nouveau concept, prendre l'exemple de cette femme qui, voyant partir son mari pour la guerre, tient à son fils de 5 ans les propos suivants :

« Mon petit homme, c'est toi désormais qui vas être le chef de famille. »

Si, par ailleurs, nous supposons qu'elle était déjà dans une situation symbiotique de premier ordre avec son enfant, on pourra représenter leur relation suivant la figure 19.

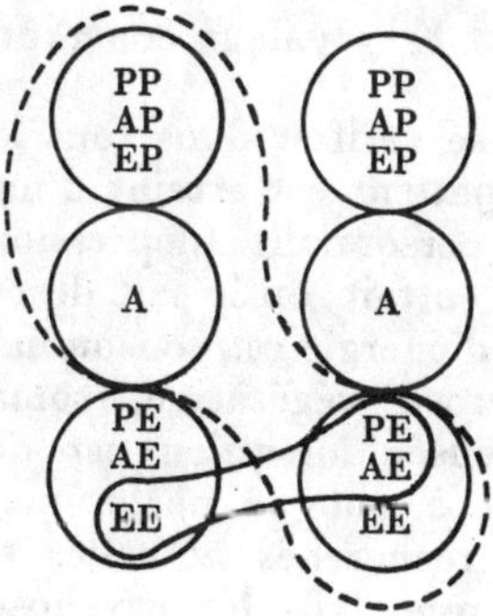


| | |
|---|---|
| --- | symbiose de 1er ordre |
| —— | symbiose de 2e ordre |
| PP | Parent dans le Parent |
| AP | Adulte dans le Parent |
| EP | Enfant dans le Parent |
| PE | Parent dans l'Enfant |
| AE | Adulte dans l'Enfant |
| EE | Enfant dans l'Enfant |

Fig. 19

Cette femme établit des transactions stéréotypées P/A → E avec son fils, et lors du départ du mari pour la guerre laisse porter son Enfant fou qui a peur, par le Parent et l'Adulte dans l'Enfant de son fils, encore peu développé à cet âge. Cela risque soit de n'être pas compris par le fils, soit de constituer un fardeau bien trop lourd à porter pour lui.

## V. — L'egogramme et l'hypothèse de la conservation de l'énergie psychique de John Dusay

Selon John Dusay, lorsqu'un des états du Moi est suractivé, « gonfle », un autre, à l'image des vases communicants, se dégonfle et est inévitablement sous-activé. Bien entendu, cela procède de l'idée selon laquelle le niveau de l'énergie psychique disponible ou potentielle est constante chez chaque être humain et qu'elle se déplace d'un état (ou sous-état) du Moi à un autre. Cette hypothèse peut être formulée selon l'équation psychophysiologique suivante :

$$P + A + E = K \qquad K = \text{valeur constante}$$

Cette hypothèse semble se vérifier dans tous les cas cliniques et lorsqu'un patient est atteint d'une sous-activation totale de sa personnalité (dépression, apathie, autisme), c'est qu'en fait, on le sait désormais, une grande quantité d'énergie est consommée de manière interne (névrose végétative, somatisation...). L'énergie dépensée lorsqu'on est dépressif est certes dépensée à vide, à perte, mais l'est tout de même. Les recherches actuelles en neurophysiologie révèlent que dans les psychoses où les états du Moi sont peu investis ou pas du tout (schizophrénie par exemple), il y a des tensions internes importantes.

De la même façon, si on considère que Parent nourricier et Parent critique se complètent, ainsi que l'Enfant libre et l'Enfant adapté, on pourrait admettre que chez chacun d'entre nous :

1) $PC + PN = kP$ ;
2) $EL + EA = kE$.

Cette hypothèse postule indirectement qu'il est possible d'introduire une métrique, et qu'on peut « peser » chacun des états du Moi, ce qui a conduit au concept « d'egogramme » (Dusay-Karpman) (fig. 20) :

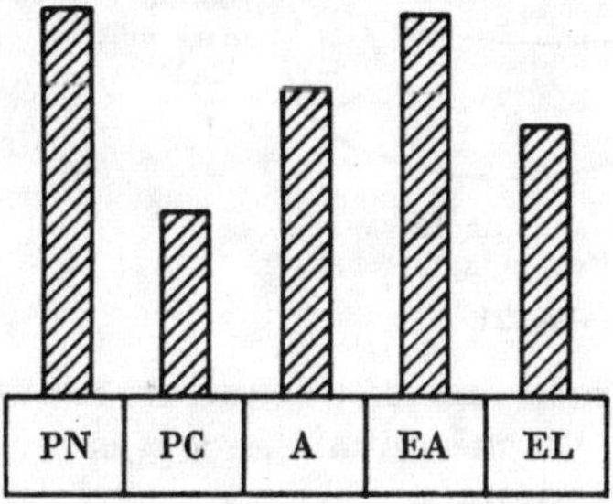


PN Parent nourricier
PC Parent critique
A Adulte
EA Enfant adapté
EL Enfant libre

Egogramme d'une femme au foyer de 32 ans

Fig. 20

## VI. — Les méconnaissances et les passivités

Nous avons décrit la symbiose comme étant un arrangement entre deux êtres humains, déterminant tacitement qui va prendre en charge un problème, une responsabilité, une situation, une personne et qui, au contraire, va demeurer passif. Cet échange ne fait pas l'objet d'une négociation réelle, claire, acceptée des deux parties en présence, mais constitue un contrat secret dont ils sont le plus souvent incapables de formuler clairement les conditions ; rappelons-le par un exemple simple (fig. 21).

La question que l'on peut se poser maintenant est la suivante : quel est le mécanisme en jeu dans la symbiose, qui la provoque, la maintient, la justifie, la renforce ?

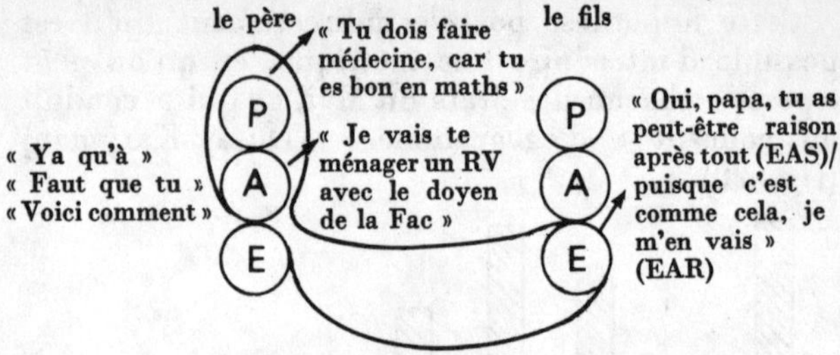


EAS = Enfant adapté soumis
EAR = Enfant adapté rebelle

Fig. 21

Les analystes transactionnels, Jacqui et Aaron Schiff, l'ont appelé « La méconnaissance » et, son aboutissement, « la passivité ».

Qu'est-ce que la méconnaissance ? On dit qu'il y a méconnaissance lorsque la personne, par une invitation à la symbiose, cherche à faire prendre en charge ses sentiments par un autre, comme dans l'exemple suivant (fig. 22) :

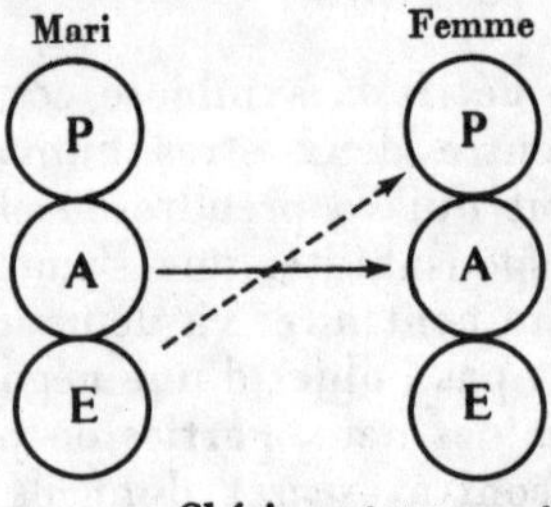


Fig. 22

« Mari à sa femme : « Chérie, est-ce que tu peux emmener Sébastien demain à l'anniversaire de son copain ? J'ai un rendez-vous avec un client » ; ce qui signifie en transaction cachée (E --> P) : « J'aimerais bien que tu t'occupes de cette question. » »

La méconnaissance est donc une façon de ne pas voir un problème, de fermer les yeux, d'inviter l'autre à prendre en charge (ou à prendre en charge soi-même en méconnaissant) soit ses vrais besoins, soit les vrais besoins de l'autre.

Voyons maintenant quelles sont les différentes méconnaissances ; on peut méconnaître :

— le problème ;
— son importance ou sa valeur de symptôme ;
— la possibilité de le résoudre ;
— mes capacités ou les capacités de l'autre à le résoudre.

*Méconnaître le problème :* à ce niveau, rien n'a été observé ni constaté.

Exemple clinique. — Un vendeur à un homme obèse : « Je n'ai pas cet article dans votre taille. »

Réponse : « Je ne comprends pas ; vous êtes pourtant un magasin sérieux. »

Exemple d'entreprise : « Où voyez-vous le problème ? Je n'ai rien constaté ! Ah ! les psychologues ! »

*Méconnaître son importance ou sa valeur de symptôme :*

Ici, le problème a été reconnu, mais on nie son importance ou sa valeur symptomatique.

Exemple clinique : « Je suis toujours gros au retour des vacances. »

Exemple d'organisation : « Ça va s'arranger tout seul, à quoi bon se pencher là-dessus ? »

*Méconnaître la possibilité de le résoudre :*

Là, on se rend compte du problème, on le reconnaît comme important, mais on le considère comme insoluble.

Exemple clinique : « J'ai tout essayé, les régimes, les massages... rien n'y fait. »

Exemple d'organisation : « On a tout essayé, c'est décidément sans solution. »

*Méconnaître mes capacités ou les capacités de l'autre :*

A ce niveau, je dévalorise ma capacité à résoudre le problème ou l'aptitude de l'autre à le résoudre.

Exemple clinique : « Je viens vous voir docteur, mais vous êtes le cinquième vous savez » ; « mon cas est désespéré ».

Exemple d'organisation : « C'est à eux de faire cela ; je n'y arriverai jamais ; après tout ils n'ont qu'à... »

Dans l'exemple cité plus haut (fig. 21) on peut émettre l'hypothèse que le père méconnaît son envie profonde de réaliser par l'intermédiaire de son fils ce qu'il n'a pu réaliser lui-même, il exclut par là son Enfant.

Le fils, en ce qui le concerne, dévalorise son Adulte et tout particulièrement les solutions qui s'offrent à lui pour son orientation ; il dévalorise aussi son Parent en n'examinant pas ses propres valeurs.

Les êtres humains fonctionnent parfois à partir d'un Adulte mal informé, contaminé ou exclu. Ainsi une mère à qui on a appris à laisser les enfants pleurer avant de s'endormir va tendre à répéter ce schéma éducatif qu'elle a fini par faire sien. L'enfant, à l'issue de plusieurs situations comme celle-là, après avoir bien crié, et voyant qu'il n'obtient toujours pas satisfaction finit par s'endormir. Ce qui a pour effet de renforcer la méconnaissance de la mère (« Voyez, j'avais bien raison, il a fini par s'endormir »).

L'enfant peut alors décider, s'il continue à être méconnu dans ses désirs et besoins, de leur en substituer d'autres, plus nocifs et pathologiques, ou bien de les supprimer en n'y accédant plus, faute de les voir acceptés. L'exemple extrême est connu sous le nom « d'autisme ».

C'est ainsi que certains enfants finissent par ne plus éprouver d'émotions sexuelles, ni de peurs, de colère, ni de sentiments violents, etc.

Si les méconnaissances permettent ainsi l'installation dans la symbiose et la dépendance, le mécanisme qui contribue à les maintenir et à les justifier s'appelle la grandiosité. Celle-ci peut être définie comme une façon de majorer un aspect de la réalité, de distordre le réel, de l'exagérer, afin de maintenir et de justifier ainsi la relation de dépendance et l'inactivité.

Exemple. — Le garçon : Vous comprenez, je ne suis pas d'accord avec mon père, mais je ne peux rien lui dire, sinon il va me battre, m'envoyer en pension, ou me couper les vivres.

Les analystes transactionnels emploient le terme de redéfinition pour expliquer la façon dont une personne utilise la grandiosité en vue de maintenir son système de croyances et sa relation symbiotique : il redéfinit la situation pour la faire entrer dans son cadre de référence et ne rien changer à sa passivité.

La grandiosité favorise et maintient ainsi la passivité qui peut être définie comme le résultat final ou « les bénéfices secondaires » de la symbiose. Elles sont au nombre de 4 :

— ne rien faire ;
— suradaptation ;
— agitation/énervement ;
— incapacité/violence.

*Ne rien faire*

« Tout va s'arranger, vous verrez ; j'ai eu bien trop peur qu'il me dispute pour penser à ce qu'il fallait faire. »

Pour l'exemple choisi plus haut : « Je voudrais faire une école de commerce, mais je lui en parlerai plus tard, il n'était pas prêt aujourd'hui à m'écouter ». C'est la rêverie, la remise à demain, le fantasme, la croyance enfantine à la magie (« quand je vais réouvrir les yeux, la bonne fée sera là »). Celui qui ne fait rien prononce souvent la phrase magique suivante :

« Il suffit de croire que ça s'arrange pour que ça s'arrange effectivement. » Comportement visible : passivité.

*Suradaptation*

L'individu essaye de deviner anxieusement ce que les autres attendent de lui et il s'adapte à ce qu'il a ainsi imaginé, ou s'efforce d'accomplir, ce qu'il croit être l'objectif de quelqu'un d'autre. Exemple : l'invitée qui s'empresse de débarrasser la table de l'hôte pour l'aider à faire la vaisselle. Celui qui se suradapte en fait toujours trop. Comportement : fébrilité.

*Agitation*

Pour maintenir la symbiose, nous pouvons choisir de ne pas résoudre le problème, en nous agitant, en nous énervant, en débordant d'activités toujours commencées, multipliées, jamais achevées.

Le fils, après le départ de son père, maugréant contre lui, entreprend de réviser sa mobylette, nettoyer sa chambre... tout en agrémentant ses activités d'un « alors là, jamais, jamais je ne ferai médecine ! » Comportement : agitation.

*Incapacité, violence*

L'individu se met en situation de ne pas pouvoir résoudre le problème, en volant, tuant, provoquant un accident, se blessant, devenant fou, etc. Il évite de se confronter à sa responsabilité.

Exemple : le fils agresse verbalement ou physiquement son père en disant : « Je ferai ce que je voudrai. »

Au total, toutes ces conduites inscrites dans les relations de symbiose sont autant de manières de ne pas résoudre les problèmes et de ne pas composer avec la réalité telle qu'elle est. Elles dénotent toutes une dysfonction de l'Adulte qui est soit mal informé, contaminé ou exclu.

L'application la plus fréquemment donnée par les analystes transactionnels tient à ce que le Parent et l'Enfant se développent bien avant l'Adulte, et qu'en conséquence celui-ci doit rattraper un retard sur des circuits primaires qui fonctionnent automatiquement.

Nous pouvons résumer par un schéma récapitulatif le cycle de la méconnaissance et de la passivité en l'illustrant par un exemple (fig. 23) :

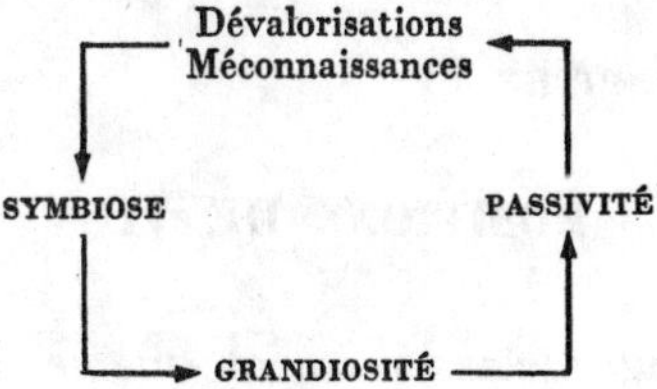


Fig. 23

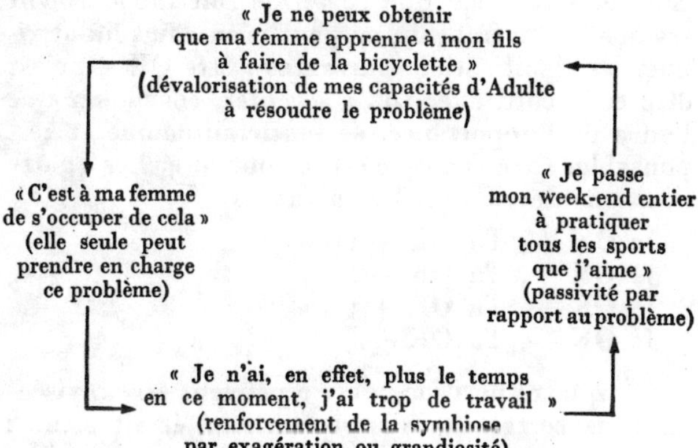

## CHAPITRE IV

# LES POSITIONS DE VIE

On distingue classiquement quatre positions de vie (Franck Ernst) qui s'articulent autour du concept OK. Bien que ce terme soit difficilement traduisible en français, on peut néanmoins lui attribuer les significations suivantes : être OK +, c'est être en accord avec soi, s'accepter, considérer que l'on a de l'importance, se sentir autonome et responsable. Etre OK — c'est le contraire. Les quatre positions de vie sont les suivantes :

Je OK +, Tu OK + ;
Je OK +, Tu OK — ;
Je OK —, Tu OK + ;
Je OK —, Tu OK —.

Les quatre positions de vie peuvent être divisées en trois sortes qui s'interpénètrent étroitement :

— les positions de vie existentielles ;
— les positions de vie psychologiques ;
— les positions de vie sociales et institutionnelles.

*Je ne suis pas OK, vous êtes OK.* — Quand l'enfant naît, il est dans un état primitif indifférencié, il méconnaît la frontière exacte entre l'intérieur et l'extérieur, entre lui et les autres. C'est par le manque, le besoin, qu'il découvre petit à petit qu'une personne extérieure (OK +) vient satisfaire son désir, renforçant par là le sentiment qu'il ne peut se suffire à lui-même, qu'il dépend des autres, qui, eux, sont tout-puissants.

*Je ne suis pas OK, vous n'êtes pas OK.* — Au moment des premiers pas, l'enfant s'éloigne petit à petit physiquement de sa mère. Il touche à tout, flaire, explore le monde environnant. Il renverse parfois des objets. La mère s'en remet de plus en plus à la voix pour le gronder ou le restreindre dans ses comportements. A cette époque, l'enfant peut se sentir délaissé, livré à lui-même et trouver que l'environnement et les autres lui sont hostiles. Ses désirs ne sont pas aussi bien satisfaits qu'auparavant et sa mère, en qui il avait toute confiance, l'abandonne désormais (je OK —, tu OK —).

*Je suis OK, vous ne l'êtes pas.* — C'est le cas de l'enfant battu ou qui a le sentiment de ne pas être aimé de ses parents, jugés initialement bons et tendres. Un soir, où il a été battu plus que de coutume, il se réfugie dans la cachette où il sait être à l'abri des coups, il se dit tout bas à lui-même : « Je ne suis bien que tout seul, tout ce qui m'arrive c'est de votre faute. Je suis encore petit, mais plus tard je vous en ferai voir, vous me paierez ça. »

*Je suis OK, vous êtes OK.* — Cette position est à reconquérir si l'on pense comme Berne que l'on naît prince, et que la vie nous transforme en crapaud. En revanche, elle est à gagner ou à découvrir, si l'on pense comme Harris que cette position est le but ultime de la vie, qu'elle n'est plus fondée sur des sentiments, mais sur des valeurs, qu'elle fait l'objet d'une décision. (L'enfant désiré et aimé par ses parents, qui entretient avec eux des rapports libres et francs, se retrouve plus tard généralement dans une position je OK +, tu OK +).

On peut résumer par le tableau suivant les positions de vie existentielles en indiquant à chaque fois les sentiments, les phrases associées aux positions, et l'issue finale la plus fréquente.

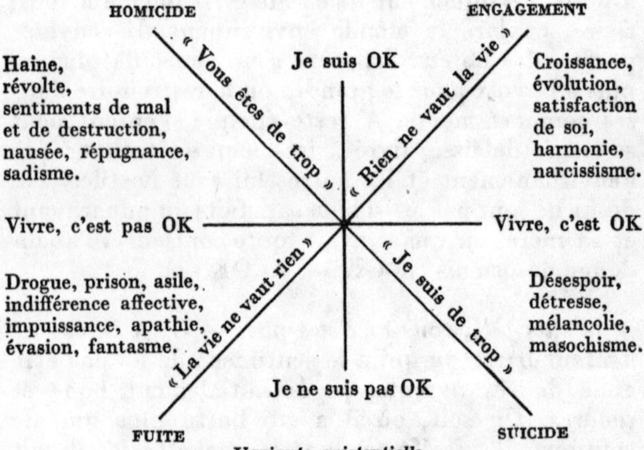


*Variante existentielle*

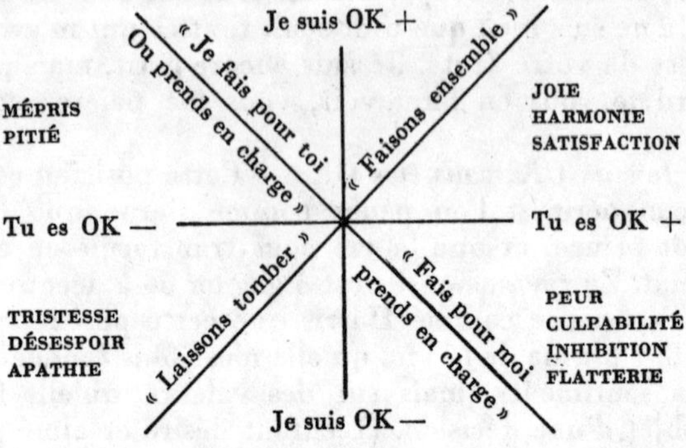


*Variante psychologique*

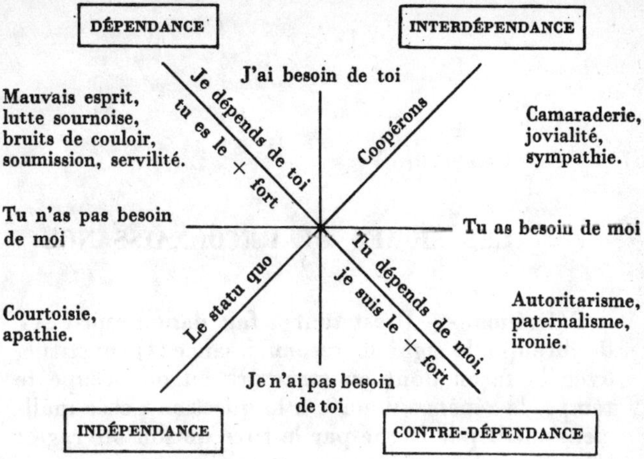


*Variante sociale et institutionnelle*

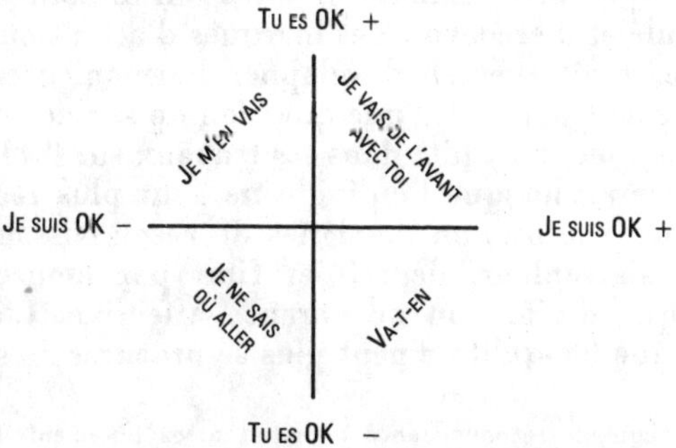


*Variante relationnelle*

Chapitre V

# LES SIGNES DE RECONNAISSANCE

**Définition.** — Il est tout à fait dans l'esprit AT de dire que le signe de reconnaissance (1) constitue, avec la façon dont on structure ou on occupe le temps, la réponse donnée à la question posée malicieusement par Berne par le titre de son ouvrage : *Que dites-vous après avoir dit bonjour ?*

En effet, on peut considérer que le problème fondamental de l'être humain, une fois qu'il a décidé comment il occuperait son temps est de savoir comment il va pouvoir échanger et surtout obtenir des signes de reconnaissance dans ses multiples transactions avec les autres.

Chaque être humain a ainsi un besoin d'être stimulé et de recevoir des marques d'attention pour vivre, croître et se développer harmonieusement.

Il s'agit d'abord d'une question de survie comme l'a bien montré Spitz dans ses travaux sur l' « hospitalisme » : lorsque l'individu ne peut plus recevoir une dose minimum de signes de reconnaissance, il peut s'atrophier, dépérir et finir par mourir par manque d'affection ou carence affective. C'est si vrai que lorsqu'il ne peut plus se procurer de signes

(1) Signe de reconnaissance : traduit assez librement du mot anglais *Stroke* qui signifie coup de pied, caresse. Ces deux derniers mots ont l'avantage de nous rappeler l'origine physique des signes de reconnaissance.

positifs, il s'accrochera désespérément aux signes négatifs car, comme le dit Steiner : « Il vaut mieux boire de l'eau polluée que pas d'eau du tout », ou aussi : « Plutôt des coups de pied que rien du tout, ou le pire : de l'indifférence. »

On peut comparer ainsi les signes de reconnaissance à une véritable monnaie d'échange psychologique donnée aux êtres humains pour vivre et assurer leurs échanges affectifs entre eux.

Ces marques de reconnaissance commencent par s'exprimer physiquement ou sensoriellement en ce qui concerne le premier âge : on en remarque la quête chez le petit enfant lorsqu'il cherche à se procurer des stimulations au niveau de tous ses sens (il touche, regarde, s'affaire ici et là, cherche à être câliné) et se satisfait lorsque sa mère le caresse, le touche, pratique ce qu'on appelle le parler ou babillage maternel, contribuant ainsi à lui signifier qu'il existe, qu'elle l'aime, le reconnaît. Puis, au fur et à mesure du développement et de la socialisation de l'enfant, les signes de reconnaissance, simplement physiques, deviennent plus symboliques : c'est le premier argent de poche, le premier vélo, le salaire, les diplômes, les promotions, augmentations..., tous signes prouvant à l'être humain qu'il existe comme personne, qu'on croit en lui, à ses possibilités de croissance, d'évolution. Les analystes transactionnels ont coutume d'en distinguer plusieurs types.

**Les différents types de stimulations.** — On peut classer les différentes stimulations selon deux critères :

— la conditionnalité : les stimulations sont inconditionnelles ou conditionnelles ;
— la polarité : elles sont négatives ou positives.

Les stimulations inconditionnelles sont données à la personne pour ce qu'elle est :

« Je t'aime. »

Les stimulations conditionnelles sont données à la personne pour ce qu'elle fait :

« J'aime ta façon de varier tes plats cuisinés. »

Elles sont négatives : ce sont des coups de pied ou dévalorisations ; par exemple :

« Tu es un bon à rien. »

Elles sont positives : ce sont des caresses ou valorisations, par exemple :

« Tu es brillant. »

Si les signes de reconnaissance peuvent être conditionnels ou inconditionnels, positifs ou négatifs, il faut cependant rendre compte de la façon dont chacun d'entre nous gère cet ensemble ou répartit cette énergie.

C'est le deuxième concept mis au point par les analystes transactionnels.

**L'économie des signes de reconnaissance.** — Tout se passe comme si, en effet, chacun d'entre nous, selon le type d'éducation reçue ou expériences personnelles vécues, avait fini par privilégier, dans sa soif éperdue de stimulations, un mode particulier de gestion parmi les suivants :

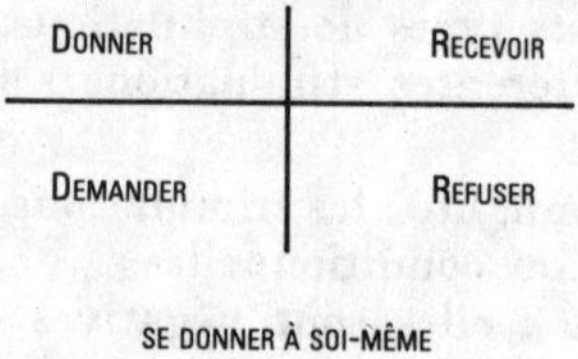

a) *Capacité à donner.* — Certaines personnes ont plus de facilité que d'autres à donner des signes de reconnaissance, ayant appris de leurs proches à dire, à exprimer leurs sentiments ; à leur tour, elles attendent souvent des autres beaucoup de signes et de témoignages extérieurs d'émotions, des démonstrations parfois voyantes de sentiments positifs.

Quelquefois, lorsqu'il y a exagération manifeste ou lorsque l'on donne des signes de reconnaissance positifs alors qu'on n'en a pas envie, on peut tomber soit dans l'ostentation, la mondanité, la politesse exagérée, la mièvrerie, soit enfin dans le mensonge ou l'hypocrisie.

b) *Capacité à demander.* — D'autres individus préfèrent demander des signes de reconnaissance, quêtant en permanence l'approbation des autres, guettant anxieusement le moindre sourire, la plus petite phrase leur prouvant qu'ils sont OK qu'ils font et agissent bien, etc. Ils doutent d'eux-mêmes, sont peu confiants et cherchent constamment à renforcer leurs symbioses, identifications et positions de vie négatives (je OK —, tu OK +). Il existe aussi d'autres individus qui s' « asphyxient » à ne rien demander : « Cela me ferait mal, jamais de la vie. Plutôt crever. »

Ne rien demander, alors qu'on en a envie ou besoin, revient souvent à se durcir, à se prouver qu'on peut se passer des autres et qu'en conséquence on les domine parce qu'on est « au-dessus de ça » (« C'est bon pour les enfants »). Cela aboutit souvent à développer des conduites compensatoires, à rechercher des positions de pouvoir, à se retrouver effectivement au-dessus des autres, mais désespérément seul et sans personne à qui se confier (je OK +, tu OK —).

c) *Capacité à recevoir.* — D'autres personnes ont appris à recevoir des signes de reconnaissance essentiellement parce qu'elles trouvaient sincères, franches et authentiques, les personnes qui les gratifiaient.

A l'inverse, cette jeune femme à qui vous dites de façon franche et spontanée qu'elle est jolie, que sa robe lui va bien, que vous aimez sa nouvelle coiffure, et qui vous répond : « Moi, belle, vous voulez rire, vous me flattez ! », ne sait pas, ou n'a pas appris à recevoir ce signe de reconnaissance simple et spontané.

d) *Capacité à refuser.* — Savoir dire non, lorsqu'on n'en a pas envie, est également une autre façon de gérer son ensemble de signes de reconnaissance.

Certaines personnes ont bien du mal à savoir dire non ; ce sont en général celles, dont la prescription de base est « fais plaisir », centrées sur les autres, elles ne tiennent pas compte de leurs besoins et se condamnent à être victimes de leur propre gentillesse, ou de leur crainte de l'affrontement.

e) *Capacité à se donner à soi-même.* — Il est nécessaire à l'individu de savoir se donner à lui-même un minimum de signes de reconnaissance pour ce qu'il fait d'utile, de positif et de constructif.

Il est important pour sa croissance qu'il sache s'octroyer un minimum de « timbres en or » (2). Faute de quoi, il dépérit, perd toute identité propre et ne vit qu'à travers les autres. Vivre pour soi, c'est se donner la permission d'exister, d'éprouver de la joie et donc d'en donner aux autres. Enfin, on ne peut être à l'écoute des besoins des autres que si on sait prêter l'oreille aux siens.

(2) « Timbres en or » : bons cadeaux psychologiques positifs.

Par contre, ne se donner qu'à soi-même, c'est vivre dans l'égoïsme et la vantardise.

En conclusion, on peut résumer un certain nombre d'affirmations sur les signes de reconnaissance :

— Chaque être humain a besoin d'une dose de signes de reconnaissance minimum par jour, faute de quoi, il dépérit ou se réfugie dans l'apathie et l'indifférence.
— L'être humain ne peut donner que ce qu'il a reçu : s'il n'a reçu que des coups de pied, il ne donnera plus tard que des coups de pied, à moins d'un travail thérapeutique ou d'une sublimation.
— Quand la personne ne peut plus obtenir de signes de reconnaissance positifs dans une situation, elle préfère entreprendre un jeu ou stratagème pour obtenir des signes négatifs : tout est en effet préférable à l'indifférence, même se donner ou donner des coups de pied aux autres.

Il est important de donner des signes de reconnaissance aux trois états du Moi : à l'état Parent, sous forme de valorisations de l'expérience ou du sens des responsabilités ; à l'état Adulte sous forme de valorisations du sens de l'autonomie, de l'adaptation à la réalité ; à l'Enfant, sous forme de valorisations de ses sentiments positifs.

Chapitre VI

# LES DIFFÉRENTES FORMES DE SENTIMENTS

Nous allons décrire et analyser dans ce chapitre les trois formes de sentiments tels qu'ils sont utilisés en AT.

Les sentiments accumulés, dénommés familièrement : « timbres » ; les sentiments substitués ou parasités, dénommés : « rackets » ; et les sentiments réactivés, appelés le plus souvent : « élastiques ».

Les individus depuis leur naissance vivent des transactions et éprouvent à cette occasion des sentiments positifs ou négatifs. Ils accumulent ainsi au fil de leur vie des sentiments appelés « timbres », par comparaison au système des timbres épargne utilisés dans le commerce.

Lorsqu'un sentiment se substitue à un autre, qu'une réaction s'efface pour donner la place à une autre plus convenable ou plus opportune, on parle de sentiments parasités ou « rackets » (voir chap. VII).

Enfin, lorsque, à une occasion, un sentiment éprouvé aujourd'hui déclenche une sorte de déclic et rappelle un vieux ressenti enfoui dans la mémoire, on utilise le terme d' « élastique ».

## I. — Les sentiments accumulés : les timbres-ristourne, les bons-cadeaux ou timbres-cadeaux psychologiques

Tout le monde connaît le principe du carnet de fidélité de certains magasins. A chaque achat, on y colle un timbre. Ainsi pour tant de milliers de francs d'achat, on a droit à une vignette de fidélité. Lorsque la collection est terminée, on la remet au commerçant qui vous fait alors cadeau d'un objet, ou vous donne un bon d'achat, ou vous consent une remise sur votre futur achat. D'après Berne, cela fonctionne selon le même modèle dans la psychologie des relations de tous les jours.

Le principe du timbre-ristourne suivi du cadeau psychologique est le suivant : j'accumule des timbres sur mon carnet jusqu'au jour où la collection étant terminée, je m'accorde un cadeau psychologique en échange. Par exemple, l'enfant, ayant accumulé des frustrations suite à des injonctions parentales peu agréables, se donne la permission de faire une colère ou un caprice ; le subordonné dans un cas identique se donne le droit de prendre un jour de congé, ou donne ce qu'on appelle familièrement un « coup de gueule ».

Analysons plus en détail quelques principes fondamentaux du fonctionnement des timbres-ristourne :

1) On colle généralement un timbre comme « contrepartie » d'une transaction frustrante, suivie d'un silence, d'un non-dit, d'un sentiment ressenti et non exprimé. Par exemple, lorsqu'une mère dit à son enfant : « Tu es un bon à rien », celui-ci enregistre un timbre en retour. Si une heure après elle lui dit : « Dépêche-toi, paresseux », il colle un second timbre sur son carnet de petit garçon « pas OK ».

Il est alors possible qu'il casse le vase préféré de sa mère une heure après ou le lendemain. Cela signifie alors que le carnet était plein et qu'il a exprimé (inconsciemment, dans l'exemple) sa déception ou sa colère en échange des deux agressions de sa mère. Selon les individus, les âges, les cultures..., les carnets sont plus ou moins longs à remplir. Certains accumulent plus longtemps que d'autres. Toutefois, on peut établir des barèmes progressifs, tels que :

1 timbre = un léger mouvement d'humeur ;
2 timbres = un haussement d'épaules accompagné d'une onomatopée ;
3 timbres = une injure agressive, un « lapsus *linguae* » ;
4 timbres = plusieurs injures émises à un nombre de décibels plus élevés, un coup de poing ;
10 timbres = une colère, un gros caprice, un acte manqué ;
50 timbres = une bagarre, une grève, un divorce ;
100 timbres = la guerre, les homicides, les sabotages, le suicide.

Le dernier timbre accumulé par l'individu constitue alors la fameuse goutte d'eau qui fait déborder le vase : elle surprend généralement le partenaire qui, lui, ne tient pas les comptes avec la même rigueur et ne sait donc pas que ce coup-là était un coup de trop.

De plus, lorsque le dernier timbre est échangé contre le cadeau final, cela le confirme dans le fait qu'il ne peut pas exprimer ces timbres accumulés.

2) Les personnes ont généralement un type de timbre préféré et sélectionnent donc ceux qu'ils vont rapporter et accumuler au détriment d'autres qu'ils ne vont pas relever.

« Quelqu'un qui fait collection de colères passe à côté des remords et des angoisses, en laissant quelqu'un d'autre les ramasser » (3).

(3) Eric Berne, *Que dites-vous après avoir dit bonjour ?*

Quelques personnes ont tendance à collectionner tous les timbres, signalant par là ou leur possessivité, ou leur goût pour remplir la fonction de bouc émissaire. Ils portent un peu le fardeau de l'humanité, sortes de christs des temps modernes.

3) Les collectionneurs de timbres, à l'image des épargnants, ont trois manières de procéder :

— tous les soirs on met à jour, on comptabilise ou on dépense ;
— on dresse un bilan à intervalles réguliers, on épargne ;
— on thésaurise dans le désordre et l'insouciance jusqu'au jour où on classe tout, et où on ressort brutalement toute la collection accumulée dans l'album.

4) Les collectionneurs discutent et palabrent autour de leur collection respective, jouent à « ma collection est mieux ou pire que la tienne », s'envient mutuellement, font des surenchères, se mesurent et s'étalonnent. En voici un exemple, tiré des embarras domestiques bourgeois : « Votre femme de ménage est au-dessous de tout, dites-vous, mais, ma chère, elle enterre la nôtre de cent coudées. »

5) Le collectionneur peut choisir d'échanger son album :

— sur-le-champ : petite prime,
— à moyen terme : beau cadeau,
— à long terme : gros lot (cf. l'expression : « décrocher la timbale ».

Quelques exemples de petites primes :

S'offrir une prostituée, une petite cuite avec un compagnon d'infortune, se faire ramasser par le « panier à salade » suite à insulte à agent dans l'exercice de ses fonctions, rouler à 170 à l'heure sur l'autoroute, etc.

Exemples de beaux cadeaux :

Tentative de suicide, adultère, lettre anonyme, coups et blessures portés à autrui, scandales...

Exemples de gros lots :

**Divorce, meurtre passionnel, suicide, démission professionnelle, hospitalisation en milieu psychiatrique, ulcère à l'estomac...**

6) Les individus, qui prennent conscience qu'un ulcère à l'estomac, ou tout stress dont ils ont à faire les frais, est la rançon de la collection accumulée, cessent généralement d'additionner les timbres-ristourne.

Les individus qui ne s'en rendent jamais compte continuent de faire fonctionner le secteur médical et psychiatrique, ou plus simplement souffrent en silence dans la morosité et la solitude.

Les individus qui, sciemment, entretiennent à loisir les collections vivent très bien avec leurs différents albums de timbres, entretiennent en permanence des relations tronquées et n'existent qu'à travers les jeux qui motivent exclusivement leur existence et lui confèrent son sens. Pour ceux-là, tout fonctionne comme si, sans ces jeux, la vie manquait de sel et ne valait pas la peine d'être vécue ; tout au moins c'est leur façon de rationaliser et de fuir la réalité.

Les individus, enfin, qui prennent conscience du processus acceptent de mener une vie exempte de jeux, ont des transactions démystifiées, franches, élucidées avec autrui, et font en sorte de ne pas distribuer de timbres aux autres, ni de tomber dans le piège des provocateurs, sans prêter attention à leurs messages frustrants. Une manière adroite de signaler à un agresseur qu'on n'entre pas dans son jeu de persécuteur est de lui dire : « Je n'ai pas de carnet de fidélité où je puisse coller le timbre-ristourne que tu viens de me donner. » C'est sans doute le prix à payer pour faire l'expérience de l'intimité.

7) Les thérapeutes ont tous remarqué qu'il y avait des sujets qui avaient l'art de collectionner les faux timbres-ristourne. C'est bien entendu le cas des paranoïaques ou plus simplement des sujets dont le moi Adulte est contaminé par le moi Enfant (illusion-hallucination).

Berne note qu'il y a le collectionneur de fausses injustices et le collectionneur de faux droits (le premier a un moi Enfant dominant, le second a un moi Parent dominant).

8) Comment se séparer d'une collection de timbres-ristourne accumulés pendant dix, vingt, trente ou quarante ans ? Tel est bien le problème du thérapeute analyste transactionnel face à son client, ou de celui qui fait un effort pour prendre conscience de son scénario habituel. Il est particulièrement dur de devoir jeter aux ordures une collection si durement et si patiemment acquise. Les Arabes, les Noirs, les Juifs le savent plus particulièrement. En apparence, beaucoup de gens pardonnent, mais pardonner n'est pas oublier : c'est mettre les albums de timbres au congélateur, en hibernation. A une occasion ou à une autre, ils risquent d'être décongelés et réinvestis dans le comportement (cf. « les élastiques » ci-après).

On comprend dès lors la fonction thérapeutique que doit remplir l'analyste transactionnel auprès de son client : dépasser le stade du simple repérage cognitif pour éviter de fâcheuses récurrences.

## II. — Les sentiments parasites ou sentiments substitués : les rackets

« Le « racket » est un organisme parasite qui vit aux dépens d'un autre, comme on en retrouve dans le règne végétal ou animal. Par ailleurs, le mot « parasite » désigne aussi les bruits de fond qui perturbent les communications » (4).

Cette première définition de Raymond Hostie resitue l'origine du mot utilisé par Berne pour montrer la corrélation entre les rançonneurs américains des années 1900 et les personnes qui procèdent de la même manière vis-à-vis des sentiments qu'ils éprouvent.

Un sentiment, quel qu'il soit (positif ou négatif), doit être ressenti, exprimé et agi pour ne pas faire problème pour un sujet (cf. Carl Rogers, « Dans toute relation durable, tout sentiment persistant doit être exprimé. En le refoulant, on ne fait que dégrader les relations » (5)).

Chez l'enfant, ressentir, exprimer et agir sont le plus souvent confondus et simultanés, mais chez l'adulte il n'en va pas de même, et à chaque fois qu'un sentiment n'est pas reconnu, assumé par l'expression et/ou l'action, alors qu'il a été vécu et ressenti, il y a brouillage, parasitage.

Fréquemment, entre ce que je ressens et ce que j'arrive à exprimer, il y a un monde, car comme l'a dit Korzybski, « la carte n'est pas le territoire », mais tout se passe comme si faire l'économie de voir ce que j'éprouve était psychologiquement stressant. Or, comme dans la plupart des cas on ne se donne pas la permission d'exprimer ce que l'on ressent, on procède à la place à un « racket ». Plus précisément, on remplace un sentiment réel (qu'on pense et qu'on juge non avouable) par un senti-

(4) Raymond Hostie, revue *Actualités en AT*, vol. 2, n° 7, juillet 1978, Editorial.

(5) Carl R. Rogers, *Réinventer le couple*, Robert Laffont, 1972 (coll. « Réponses »).

ment parasite qu'on assume mieux de révéler. A défaut, on brouille le premier en le dénaturant.

Un exemple simple et fréquent de racket chez l'enfant s'observe lorsque ses parents, ne pouvant plus supporter de l'entendre pleurer de colère, tentent de la lui faire substituer par de la fatigue qui le conduira droit au lit ; là au moins, il les laissera en paix goûter un silence apaisant, ou regarder tranquillement leur télévision. La mère ou le père pour interrompre ces pleurs irritants peuvent dire : « Tu es terriblement fatigué, mon amour, ce n'est rien, va te coucher. »

Un exemple non moins classique de racket en milieu professionnel est le cas de ce délégué tout chargé de la colère du collectif ouvrier qu'il représente, et à qui on donne une promotion pour qu'une reconnaissance envers son entreprise se substitue à son mécontentement initial.

« Presque toutes les colères, mortifications, angoisses, impressions de culpabilité et d'inadaptation sont des rackets. » Un racket est donc un sentiment choisi par une personne donnée, parmi tous les autres sentiments possibles, comme bénéfice des jeux qu'elle joue » (6).

**Le circuit habituel des sentiments parasités.** — Exemple d'un circuit parasitaire chez une jeune femme :

| | | |
|---|---|---|
| Je ne puis être aimée de personne → | Peur, jalousie, agressivité → | Son amant menace de la quitter |
| Croyance initiale « Ressenti réel » | Sentiments parasites | Renforcement |

(6) E. Berne, *Que dites-vous après avoir dit bonjour ?*, Tchou.

Comme on le voit dans l'exemple ci-dessus, le cercle vicieux s'instaure et les réactions induites par la jeune femme chez son amant déclenchent chez lui une attitude qui la confirme et la confine dans sa croyance initiale. Il est à noter que les couples s'assemblent fréquemment en fonction de la complémentarité de leurs sentiments parasites : « Comme toute personne dispose d'un circuit parasitaire personnel, des interconnexions sont nécessaires. Elles s'établissent selon un enclenchement uniforme : les manifestations parasitaires du premier partenaire servent d'expériences renforçantes pour le second, et réciproquement. Cette interconnexion se reflète aussi dans les problèmes et dans les conflits répétitifs du couple » (7).

Il y a des circuits parasitaires propres à certains couples, à certaines familles, à certaines institutions. On observe même des circuits qui se transmettent de générations en générations ; par exemple dans cette famille, on n'avait pas le droit d'éprouver de l'inimitié envers quiconque parce qu'on était catholique fervent ; dans cette entreprise, il était tabou de parler des concurrents, si ce n'était pas pour les « démolir » ou les ridiculiser.

A propos de sentiments parasites les plus fréquents au niveau des familles, citons quelques exemples courants :

— Interdire la colère, les pleurs et y substituer un sentiment parasite de culpabilité ou de souffrance (« Tu casses les pieds à ton père, alors qu'il est fatigué et a besoin de repos », disait une mère à sa petite fille lorsqu'elle pleurait, tentant de remplacer le sentiment de tristesse

(7) Michael E. Holtby, revue *Actualités en AT*, vol. 3, nº 12, octobre 1979.

par de la pitié et au-delà, de la culpabilité. La mère, dans ce cas précis, ne supportait d'ailleurs pas elle-même les cris ni les pleurs, car ils lui étaient défendus dans son enfance. De plus elle n'avait pas le droit d'être « triste »).

— Interdire l'expression des sentiments de joie ou en liaison avec la sexualité et y substituer des sentiments d'hostilité ou de culpabilité. Dans ce domaine, le racket peut changer de sens en fonction du sexe. Telle jeune fille devra éprouver un faux sentiment d'anxiété ou de honte face à la jouissance découlant de sa sexualité, et tel jeune garçon, un faux sentiment de plénitude ou d'agressivité, sans doute parce que culturellement, face aux choses du sexe, les garçons doivent être virils et entreprenants, les filles méfiantes et réservées.

Et d'une manière générale :

— Interdire les sentiments positifs de reconnaissance, les compliments pour y substituer de l'humour noir ou des dévalorisations. Ce fait qui est une forme de pudeur latine ou anglo-saxonne semble répandu en Occident. Ainsi, au lieu de féliciter franchement un candidat qui vient de réussir au baccalauréat, on préfère lui dire : « Tu as eu de la chance de ne pas tomber sur les impasses que tu avais faites », ou bien : « Il n'y a plus que les demeurés qui passent le bac..., le bac ça ne sert à rien... Moi, je préfère passer à la télé que passer le bac..., le bac n'a plus de valeur... », etc.

Toutes les manifestations du type manies, phobies, perversions peuvent être interprétées comme des sentiments parasitaires. La boulimie, l'anorexie, l'énurésie, l'autophagie, la claustrophobie, l'agoraphobie, le voyeurisme, l'exhibitionnisme, le fétichisme peuvent, en AT, être diagnostiqués comme des sentiments parasites de la colère, de la solitude, de la tristesse, de la peur, de l'angoisse, de l'amour et de la haine.

Mais comment historiquement se façonnent les rackets ?

Les auteurs s'accordent pour dire que les rackets se constituent de trois façons :

— Le premier type est montré par les parents et donc appris d'eux. Il est frappant pour tous parents de constater à quel point leurs enfants, en effet, imitent leurs colères ou leurs explosions de joie.
— Le second type est valorisé (par un *stroke* approprié à chaque fois) par les parents lorsqu'il est exprimé par l'enfant, autrement dit, les parents sont complices d'un renforcement (le « petit chéri » qui serre les dents après un « bobo » là où il devrait hurler de douleur, et à qui maman dit : « C'est bien, tu es grand, tu ne pleures pas », en est un bel exemple ; ou bien cette femme à qui son mari disait : « Comme tu es belle et excitante quand tu es en colère ! »).
— Le troisième type vient des injonctions parentales quant à ce que l'enfant doit penser ou sentir, autrement dit, lorsque les parents orientent l'enfant vers les pensées ou les sentiments qu'eux-mêmes ressentent ou trouvent souhaitable que l'enfant ressente (exemple : Tu es nerveux ce soir... Oh ! comme tu es fatigué !... Ah ! comme tu as peur des araignées !... Tu es content de faire câlin avec mamie... Tu as toujours aimé les bisous..., etc.).

Enfin, opérationnellement, le racket est un sentiment inauthentique, et on en distingue essentiellement deux catégories (selon Fanita English) :

— Le racket de première catégorie est celui des personnes qui prennent en charge, qui assurent le leadership, qui distribuent les rôles, décident (« Ne vous inquiétez pas, je m'en occupe, faites-moi confiance, ralliez-vous à mon panache blanc... »). C'est un racket en provenance du Parent (certitude, assurance du parent parasitent l'émotion qui passe). Dénomination : secourable ou autoritaire.

— Le racket de deuxième catégorie est celui des personnes qui aiment subir, être prises en charge, qui sont des *follower*, qui s'interrogent sur ce qu'il convient de faire et attendent qu'on le leur dicte (« Que doit-on faire, à qui s'adresser, où aller ?... »). C'est un racket en provenance de l'Enfant (confusion, peur de l'enfant parasitent l'action adéquate). Dénomination : impuissant ou fripon.

Empruntons à Franklin H. Ernst sa typologie des sentiments parasites :

1) le sentiment parasite de pleurs tyrannise la victime ;
2) le sentiment parasite de rage sert à écouler une colère incontrôlable ;
3) le sentiment parasite de bouillonnement sert à provoquer chez la victime une bouffée de rage brûlante, après quoi c'est à la victime de la contrôler ou non ;
4) le sentiment parasite de culpabilité sert à obtenir de la victime qu'elle aille inspecter ses propres fautes ;
5) le sentiment parasite de désespoir sert à anéantir le calme de l'autre ;
6) le sentiment parasite d'angoisse sert à susciter l'appréhension chez le partenaire ;
7) le sentiment parasite d'impuissance sert à réduire l'autre à l'impuissance ;

8) le sentiment parasite de fatigue sert à fatiguer le partenaire ;
9) le sentiment parasite de confusion sert à embrouiller l'autre personne (8).

## III. — Les sentiments réactivés : les « élastiques »

Un vieux sentiment enfoui dans la mémoire et qui ressort sous la forme d'une espèce d'*insight*, de bouffée brûlante plusieurs années après, est appelé familièrement un « élastique ».

D'où vient l'expression ? Lorsqu'on tire sur un élastique, il revient toujours à sa forme et à sa longueur initiales, une fois relâché. A l'image d'un élastique, un sentiment revient avec la même intensité lorsqu'il est reconnecté ou réactivé. Il n'a pas perdu de sa valeur, il n'a pas subi l'érosion des ans, il est ressenti avec la même acuité.

Généralement, un ancien sentiment, familier durant l'enfance, est exprimé dans l'ici et le maintenant, lorsqu'un événement, un « déclic », le fait réémerger au niveau de la conscience. Dans la théorie du Dr Janov (9), un élastique s'appellerait un « primal ». Toute thérapie de type analytique ou dérivée de la psychanalyse est fondée sur la réactivation des sentiments de la prime enfance et peut être considérée comme une investigation des « élastiques » (qu'elle fasse appel au souvenir, au rêve, au fantasme ou à une utilisation particulière du langage ou des gestes).

A l'image d'un aliment qui pour être métabolisé doit être digéré, un sentiment en particulier « cuisant » et difficile à « avaler » doit être également

(8) Les sentiments parasites et l'enclos OK, revue *Actualités en AT* vol. 2, nº 7, juillet 1978, p. 117, par F. H. Ernst Jr.
(9) Dr A. Janov, *Le cri primal*, Paris, Flammarion, 1975.

« digéré » pour être en quelque sorte métabolisé psychiquement. Donnons quelques exemples cliniques d'« élastiques » :

— Marie, 37 ans, regarde un film à la télévision, et, tout à coup, éclate en sanglots. Que s'est-il passé ? Pour son mari et ses enfants, c'est la scène qui est triste et fait pleurer Marie. Mais, la charge dramatique de la scène n'est pas telle que Marie se mette dans un pareil état. C'est qu'en fait, cette scène a une résonance toute particulière pour elle : elle s'est brutalement souvenue d'une circonstance identique vécue lorsqu'elle avait 7 ans ; elle ne s'était pas alors donné la permission de pleurer ni d'exprimer sa tristesse. Ce sentiment, jadis éprouvé, n'avait été ni exprimé (formulation de la tristesse), ni agi (écoulement des pleurs). Ainsi réapparut-il sous forme d'un brutal élastique trente ans plus tard.

— Pierre, 40 ans, lors d'une réunion de travail avec ses collègues et son supérieur hiérarchique, s'entend dire, à propos d'une mission délicate et exceptionnelle qu'on lui avait confiée : « Si vous n'y arrivez pas, faites-le faire par quelqu'un d'autre. » Il explose brutalement, furieux des maigres moyens qu'on lui a accordés et du fait que dans cette maison personne n'a jamais été « fichu » de mener à bien des missions pareilles. Le supérieur hiérarchique est suffoqué et ne comprend pas la raison d'un tel manque de sang-froid.

En fait, Pierre, sans qu'il en ait conscience, s'est retrouvé confronté à une vieille scène de son adolescence, où à 18 ans, après son deuxième échec au bac, son père lui avait dit froidement : « Si tu n'es pas assez intelligent pour y arriver, reconnais tes limites..., on fera bien de toi un employé de banque. »

Il est bien évident que de telles situations peuvent se reproduire à tout moment et fausser notre vie présente. Les rancœurs et ressentiments passés non résolus peuvent affecter nos relations d'aujourd'hui et nos transactions présentes. Il conviendra donc selon le terme employé par Gordon Erskine de « détacher les élastiques ». Pour ce faire, « le patient a à parcourir les étapes suivantes : réexpérimenter des anciens sentiments qui sont les mêmes que ceux qu'il ressent actuellement ; recevoir la permission et la protection de ressentir et d'exprimer les sentiments qui n'ont pas été exprimés dans la situation originelle ; prendre conscience de ces situations et assumer les décisions non OK ; reconnaître comment ces décisions ont affecté et affectent encore sa vie ; finalement prendre une nouvelle décision OK » (10).

(10) Richard Gordon Erskine, Détacher les élastiques, revue *Actualités en AT*, vol. 1, nº 1, janvier 1977, p. 29.

CHAPITRE VII

# LES JEUX ET LA STRUCTURATION DU TEMPS

## I. — Définition

Si les individus se livrent entre eux à des jeux de société, il en existe cependant d'autres d'un type particulier : Ceux que l'on appelle en AT les *jeux psychologiques.* Donnons la définition en l'empruntant à Eric Berne, dans son livre *Des jeux et des hommes* (1) :

« Sur le plan descriptif, le jeu est un système récurrent de transactions souvent répétitives, superficiellement plausibles, à motivation cachée, en langage plus familier, une série de « coups » présentant un piège ou « truc ». »

Les jeux psychologiques ne diffèrent pas fondamentalement des jeux plus traditionnels ou sociaux tels que la belote, le mille bornes, le monopoly ou le scrabble. En effet, chaque partenaire doit connaître non seulement les règles avant de commencer, mais il doit les avoir tacitement admises et acceptées. Les jeux ont aussi un début, un système de règles déterminées à l'avance et un but final.

La différence tient à ce qu'on ne joue pas à des jeux psychologiques par plaisir, mais bien souvent soit pour passer le temps, soit pour obtenir des signes de reconnaissance négatifs à défaut de signes positifs.

(1) *Des jeux et des hommes*, Eric BERNE, Ed. Stock, 1975.

La deuxième différence réside dans le fait que le jeu psychologique recèle une motivation cachée, un truc, une qualité secrète qui le rend pernicieux par définition.

Enfin, une troisième, qui tient au bénéfice ou au salaire du jeu : on joue pour obtenir un bénéfice, un salaire en quelque sorte, et ce bénéfice est toujours négatif ; en effet, le jeu s'achève toujours soit par une dévalorisation d'autrui soit par une dévalorisation de soi-même. C'est en quoi on peut affirmer que le jeu est nuisible et pernicieux.

Il existe un certain nombre de conditions à respecter pour que des transactions puissent être considérées comme des jeux :

1) Série de transactions complémentaires plausibles au niveau social ;
2) Transaction cachée ou à double fond comportant le message sous-jacent du jeu ;
3) Bénéfice prévisible qui constituera la conclusion et représentera le véritable but.

Plus simplement, au niveau concret de la vie de tous les jours, on peut reconnaître ou suspecter la présence d'un jeu lorsqu'à l'issue d'une tranche donnée de temps consacrée à l'activité ou à une relation avec une personne :

— on a le sentiment d'avoir consacré beaucoup de temps à la solution d'un problème pour parvenir finalement à un résultat quasi nul (activité très faible, « réunionnite ») ;
— on éprouve un sentiment d'insatisfaction, ou une impression de vague malaise ou de confusion, sans pouvoir exactement préciser à quoi cela tient ;
— il nous apparaît qu'à l'issue de la tranche de temps donnée ou de la relation il y a des gagnants

et des perdants comme dans une bataille de tranchées.

Nous allons maintenant examiner le concept de jeu puis mettre en évidence, en utilisant un exemple concret, la façon dont il se met en place.

## II. — La formulc du jeu

1. **Les rôles sociaux.** — Représentés par le triangle dramatique (fig. 24) de Stève Karpmann et mobilisés dans un jeu, ils sont au nombre de trois. Ce sont les suivants : le Persécuteur, le Sauveteur, la Victime.

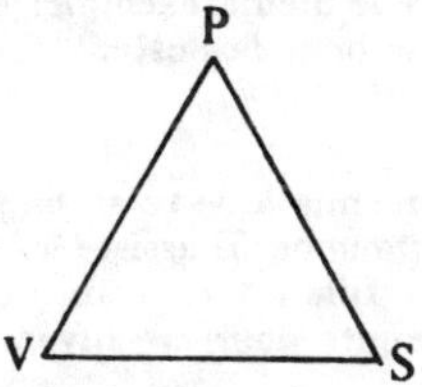


Fig. 24

Ces rôles peuvent être légitimes, dus à des situations, à des concours de circonstances issues de la réalité : on appellera ces rôles des rôles techniques. Ils peuvent être au contraire illégitimes, détournés de leur fonction première et utilisés à des fins de satisfactions personnelles : ces rôles sont alors appelés des rôles dramatiques.

Exemple : *Le Persécuteur :*

| | |
|---|---|
| PT | Il impose des limites nécessaires au comportement, est chargé de faire respecter la loi, de protéger deux personnes en relation de leurs outrances respectives en assurant le respect et la garantie du contrat qui les lie l'un à l'autre, ex. : « Mettez vos chaussures de sécurité dans l'enceinte de l'usine. » |

| | |
|---|---|
| PD | A l'inverse, le persécuteur dramatique constitue un rôle injustifié quand il est utilisé à des fins manipulatrices ou personnelles, ex. : « Mettez vos chaussures de sécurité dans l'usine, espèce de... » |

Ici, je profite de la situation hiérarchique pour satisfaire mes pulsions ou désirs personnels. J'outrepasse le contrat implicite qui me lie à mon subordonné et deviens persécuteur.

*La Victime :*

| | |
|---|---|
| VT | La vraie victime ou victime technique est celle à qui, par exemple, on refuse un emploi en raison de ses opinions politiques, de son sexe, de son âge, etc. : « En fait, je n'ai pas été embauché parce que j'ai 58 ans. » |
| VD | La victime dramatique est la personne qui prétend qu'on lui refuse du travail parce qu'elle est âgée alors que, pour reprendre le même exemple, elle n'a pas la qualification requise pour le poste. |

*Le Sauveteur :*

| | |
|---|---|
| ST | Il aide une personne à se ressaisir pour la rendre indépendante et autonome. Il assiste les personnes en danger réel. Une jeune fille est en train de se noyer, un jeune homme se précipite pour la sauver. |
| SD | Le sauveteur dramatique est celui qui s'arrange pour que les autres dépendent de lui ou aient besoin de lui. « Un jeune homme prend prétexte du risque de noyade pour parler avec une jeune fille. » |

Ces trois rôles fondamentaux, joués la plupart du temps inconsciemment par les joueurs, peuvent d'ailleurs tourner ou s'échanger entre les protagonistes au cours d'une série de transactions et, plus particulièrement au cours de jeux, comme l'illustre l'exemple emprunté à la vie quotidienne et familiale qui suit :

Le Père (P) et sa fille (V) : « Tu rentres à 4 heures du matin. A ton âge, tu n'as pas honte ? »

La fille (P) au père (V) : « Eh bien ! justement, j'ai pas ton âge ! »

Le père qui la gifle (P) : « Je n'admets pas que l'on me parle sur ce ton ! File dans ta chambre immédiatement... »

La fille (victime rebelle) : « Puisque c'est ainsi, demain je fais ma valise et je m'en vais. »

La mère qui intervient (sauveteur) et console sa fille enfermée dans sa chambre : « Ne t'inquiète pas, Carole, je vais parler à ton père ; il est parfois brutal et ne comprend pas toujours bien les jeunes, mais il t'aime, tu sais. »

La mère (P) au père (V) : « Tu ne crois pas que tu exagères ? Elle a 17 ans, ce n'est plus une enfant. »

Le père (V) : « Vous vous liguez toutes les deux contre moi, maintenant ! »

Le lendemain après-midi seulement :

La fille (S) au père (V) : « Je te propose un armistice, papa, je t'aime bien, mais j'aimerais te parler à propos d'hier... »

Le père (V) : « J'ai exagéré, je ne voulais pas m'emporter. Excuse-moi, mais je suis énervé en ce moment. »

Dans ce jeu, appelé « la scène », et dont le but est d'éviter l'intimité, le père commence en position de persécuteur et termine en victime. La fille commence en victime et termine en sauveteur. Ces changements et permutations dans les rôles joués constituent un des points les plus importants de la formule des jeux dont nous allons parler maintenant.

2. **Jeu transactionnel.** — Bien qu'elle diffère très légèrement selon certains auteurs, la formule d'un jeu transactionnel peut être formulée ainsi :

$$AN + PF = R \rightarrow CDT \rightarrow MS \rightarrow BFN$$

(Eric Berne)

Attrape-nigaud + point faible = réponse → coup de théâtre → moment de stupeur → bénéfice final négatif.

Nous illustrerons cette formule par l'exemple du jeu : « J'essaie seulement de t'aider. »

*Lui et elle, un samedi soir à 20 h*

La scène se passe au 2e étage d'un immeuble situé dans une agglomération proche d'une grande ville de France.

**Lui, à la porte de la cuisine :**

**— « Dis, chérie, j'aimerais que tu m'apprennnes à repasser, ce serait bien, comme cela je pourrais t'aider à la maison ; tu n'aurais pas tout à faire. »**

***Attrape-nigaud ou amorce du jeu : l'homme est Adulte (socialement) il entre en « Sauveteur » dans le jeu.***

**Elle, occupée dans la cuisine :**

**— « Comme si j'avais le temps de t'aider à repasser ou à apprendre, sois un peu réaliste, Michel... Tiens, au lieu de parler, passe-moi plutôt le plat à tarte. »**

***Le point faible visé chez la femme est le Racket de Mépris et son autoritatisme au foyer. Elle est Adulte (socialement). Parent critique (psychologiquement).***

**Lui, un peu empressé :**

**— « Moi, je te disais cela gentiment, pour t'aider, car tu te plains souvent d'avoir une deuxième journée lorsque tu rentres du bureau. »**

***L'homme demeure Adulte (socialement), mais démarre le jeu : j'essaie seulement de t'aider. Il continue (Sauveteur).***

**Elle, ironique :**

**— « Alors cela, tu peux le dire ! à qui la faute d'ailleurs ? Monsieur rentre du travail et se met les pieds sous la table. Jamais d'initiative, comme par exemple me faire la surprise de préparer le repas un soir... »**

***Elle, passagèrement victime d'un bourreau... de travail.***

**Lui, un peu las de voir ses efforts peu couronnés de succès :**

**— « Bon d'accord, c'est vrai ! Veux-tu que je t'aide tout de suite ? Pendant que tu prépares le gâteau, je peux mettre la table ? (il se dirige vers le buffet où sont rangés les couverts et les assiettes). »**

***Lui, Sauveteur. Le jeu s'enferre...***

**Elle, inquiète de cette irruption soudaine sur son territoire :**

**— « Non, laisse Michel, je les ai rangés ailleurs, tu ne vas pas les trouver, je préfère mettre la table moi-même tout à l'heure. »**

***Elle, satisfaisant son racket de Parent autoritaire qui prend tout en charge au foyer.***

Lui, se contenant de plus en plus difficilement :

— « Alors là, elle est bien bonne ; j'essaie de t'aider et tu refuses à chaque fois mon aide ! »

*Li, s'octroyant un timbre blanc de bonne conscience...*

Elle, tentant un dernier essai :

— « Bon, écoute ; si tu veux vraiment m'aider, épluche-moi en vitesse quelques pommes de terre. »

*Elle, le mettant au défi pour mieux savourer sa victoire.*

Lui, un peu surpris mais commençant à éplucher :

— « C'est pas évident avec un couteau qui ne coupe pas ! »

*Lui, Victime.*

Elle, triomphante :

— « On en a pour une heure ; je n'ai pas que cela à faire. Bon écoute, ça va, va t'en, c'est pas la peine de te demander quelque chose : c'est bien ce que je pensais... toujours des bonnes résolutions ou des velléités, mais incapable d'éplucher des pommes de terre ! C'est pourtant pas compliqué ; retourne à ton journal mais laisse-moi faire mon travail calmement. »

*Coup de théâtre de la femme qui se traduit par un changement d'état du Moi : elle dévoile son état du Moi caché depuis le début : Parent critique et touche son bénéfice final de persécutrice. Elle caresse ses rackets de femme qui prend tout en charge à la maison, un peu autoritaire et jalouse de ses prérogatives. Position finale : « je suis OK + et l'autre est OK — ».*

Lui, triomphant :

— « C'est toujours pareil, j'essaie seulement de t'aider et voilà le résultat et la récompense. Tu ne m'y reprendras plus. »

*Coup de théâtre de l'homme qui se traduit par un changement d'état du Moi : il dévoile son état du Moi caché depuis le début : EAS et touche son bénéfice final de victime coupable. Il caresse ses rackets d'homme gentil, serviable, bien intentionné, mais qui n'est décidément pas compris à la maison. Position finale : « je ne suis pas OK ; l'autre est OK + ».*

### III. — Jeux et rackets

Pour approfondir la notion de jeu transactionnel, il est nécessaire de faire ici une place toute spéciale aux « rackets ». En effet, sur le plan psychologique, ils en assurent le fonctionnement et en garantissent le maintien. Mais d'abord, que signifie exactement le mot « racket » ?

C'est un mot emprunté au vocabulaire de la « pègre » américaine : Les racketteurs américains assurent certains commerçants de leur protection moyennant une forte somme d'argent ; bien entendu, si ces derniers refusent, ils retrouvent le lendemain leur magasin incendié ou leur vitrine défoncée. Les racketteurs promettent leur protection, alors que le véritable danger, c'est eux. Il en est de même des sentiments rackets : ils sont utilisés pour protéger, alors qu'ils sont le véritable danger.

Les enfants ne naissent pas avec des sentiments programmés envers les êtres, mais apprennent très vite de leurs parents les types de sentiments qu'ils doivent ressentir, dans les situations ou face aux personnes auxquelles ils sont confrontés. Autrement dit, l'enfant s'adapte en ressentant les émotions qui lui paraissent autorisées. Le racket peut être considéré ainsi comme un sentiment appris, inauthentique, utilisé pour s'adapter et préserver intact l'amour des autres et, en particulier, des proches. Il est inauthentique, mais procure un sentiment de plaisir et une satisfaction, celle de se voir reconnu par ses parents.

Appris dans l'enfance, il finit par devenir, comme le dit Berne : « Une façon de s'octroyer des satisfactions par des sentiments de culpabilité, d'incapacité, de blessure, de peur et d'irritation ». On en discerne bien la présence dans le bénéfice final négatif du jeu. Celui-ci nous laisse bien souvent une impression de malaise et d'insatisfaction — impression rendue inévitable par l'inauthenticité du sentiment.

Qu'il soit de la manipulation de soi ou d'autrui, le racket a pour fonction essentielle, en accumulant les anciens sentiments et en leur permettant de réémerger dans la situation présente, de protéger l'individu des risques de la vraie rencontre (intimité) et de le maintenir accroché aux sentiments répétitifs qui lui apportaient la sécurité dans le passé.

La majeure partie de la vie sociale est consacrée aux jeux parce que les occasions d'intimité sont somme toute assez rares, et aussi parce que l'intimité en général effraie ; elle suppose en effet l'abandon des masques ou subterfuges quotidiens auxquels tient l'individu pour se protéger et se cacher. Pourquoi les jeux sont-ils alors si importants ? Quelle est leur fonction ?

1. Ils constituent une façon privilégiée de structurer le temps (précisons que Berne distingue six manières de le structurer, qui sont : Retrait, Rituel, Passe-temps, Jeu, Activité et Intimité) (voir tableau synoptique des pages 84-85).

2. Ils constituent également un moyen particulier d'obtenir des signes de reconnaissance et de recevoir l'attention : lorsque l'individu ne reçoit plus de signes de reconnaissance ou de marques d'attention positives, il entreprend des jeux pour recevoir ou donner des signes négatifs. Tout est préférable, en effet, à l'indifférence. C'est en ce sens d'ailleurs que le jeu possède un caractère fondamentalement pervers. C'est comme par hasard pendant que la maman s'occupe de laver et d'essuyer la vaisselle que les enfants crient et se chamaillent. Ils recueillent leurs signes de reconnaissance lorsqu'elle leur dit : « At-

## TABLEAU SYNOPTIQUE DE LA STRUCTURATION DU TEMPS

| | *Définitions* |
|---|---|
| **Retrait ou évasion mentale** | **Lorsque le sujet est physiquement présent mais que son esprit vagabonde ailleurs, cf. « être dans les nuages, être ailleurs, être absent ». Il y a, dans le retrait, un décrochage de l'esprit par rapport à son champ de préoccupation immédiat et officiel.** |
| **Rite ou rituel** | **Echange normalisé, standardisé et banalisé entre personnes. « Le rite a pour but de faire passer une heure à un groupe de gens sans qu'ils aient à devenir proches de qui que ce soit » (Thomas Harris). C'est un bon mode de réponse à l'angoisse existentielle.** |
| **Passe-temps ou dérivatif** | **« Du point de vue existentiel, le passe-temps est un moyen d'éviter le sentiment de culpabilité, le désespoir ou l'intimité, un stratagème fourni par la nature ou par la culture pour rendre plus facile et plus tranquille la détresse » (Eric Berne).** |
| **Activité ou travail** | **« La méthode la plus courante, la plus simple, la plus commode et la plus pratique pour structurer le temps, c'est d'avoir recours à un plan qui règle le côté matériel de la vie extérieure, c'est-à-dire ce qu'on appelle couramment « travail ». Le nom technique de ce plan est « activité » » (Eric Berne).** |
| **Jeux psychologiques ou stratagèmes** | **« Un jeu c'est le déroulement d'une série de transactions cachées complémentaires, progressant vers un résultat bien défini, prévisible » (Eric Berne).** |
| **Intimité ou relation authentique** | **C'est une relation faite de mutuelle compréhension, de tolérance et d'acceptation de l'autre dans son originalité et son unicité sans dépréciation et sans projection de soi-même. L'intimité entre deux êtres humains se reconnaît à ce que les choses sont claires entre eux. « C'est une fusion authentique de deux personnalités » (Eric Berne).** |

| *Exemples* | *Observations* |
|---|---|
| **Fatigue physique.<br>Démotivation.<br>Préoccupations sans solutions.<br>Maladie (amnésie, dépression, schizophrénie).** | **Le retrait, ou évasion mentale, peut être utilisé en tant que technique de relaxation et, dans ce cas, s'apparente à une activité.** |
| **Les rites sont souvent politiques, religieux, syndicaux, sportifs. Dès qu'un grand nombre de personnes est réuni, le rite a un aspect opérationnel et fonctionnel qui permet de maîtriser les problèmes organisationnels complexes.** | **Dans la mesure où les rites sont nettement socialisés, répétitifs et hérités des traditions culturelles, ils émanent généralement du Moi Parent.<br>Le rite, pas plus que le passe-temps, ne permet l'accomplissement et la réalisation de soi.** |
| **Ex. : « chiffons » (discussion entre femmes) ; « General Motors » (discussion entre hommes). Toutes les discussions du « Café du Commerce », les échanges stéréotypés sur les hommes, les femmes, les patrons, la politique, le sport, etc.** | **Le but du passe-temps est de « tuer le temps », de fuir les relations complexes à soi-même, aux autres. Ils permettent également d'expérimenter symboliquement un rapport de force avec autrui ou une relation affective (ex. : les jeux de sociétés, jeux sportifs, jeux ludiques en général).** |
| **Déjeuner, faire sa toilette, ranger la maison, prendre le bus ou la voiture pour se rendre au travail, classer des dossiers ou les étudier, conduire une machine-outil, faire la vaisselle ou le ménage, écrire, etc., sont des activités.** | **Les activités ont un objectif, une finalité autres que le seul souci de passer le temps. Le résultat a ici de l'importance. Dans l'activité on s'investit, on se réalise, on s'engage et on s'accomplit au plus près de ses besoins, de ses motivations et de son essence d'homme.** |
| **Y'a qu'à.<br>Battez-vous entre vous.<br>Le mien est mieux que le tien.<br>Oui... mais.<br>Cette fois je te tiens salaud, etc.** | **Le but des jeux est généralement de valider le scénario de vie.<br>Les jeux permettent de manipuler autrui ou soi-même, d'agresser sous forme déguisée, d'informer autrui sans en avoir l'air en faisant l'économie de le dire plus directement et simplement (il y a des jeux conjugaux, familiaux, institutionnels, politiques, internationaux, etc.).** |
| **Se laisser aller à donner et à recevoir, se serrer chaleureusement dans les bras, sourire spontanément à quelqu'un, être bien ensemble même sans parler, etc.** | **L'intimité c'est aussi le bonheur, un moment libre de contraintes et de sous-entendus, c'est l'expérience de la véritable rencontre humaine, celle qui conduit à la paix intérieure, à l'humanisme, à la joie de partager en société.** |

tendez un peu que j'enlève mes gants et que je vienne vous corriger. »

3. Les jeux confirment dans l'esprit du joueur la pertinence de ses sentiments parasites ou rackets : « J'avais donc bien raison, j'étais donc dans le vrai. » Exemple : Si j'ai comme racket de me trouver insignifiant, inintéressant et sans valeur, je vais jouer à « l'imbécile », « botte-moi les fesses », « pauvre de moi » pour maintenir mes rackets ou sentiments répétitifs de victime et de pauvre type et, ainsi, me prouver que j'avais raison de penser cela de moi.

4. Le jeu fait avancer le scénario ou le plan de vie en confirmant les injonctions parentales. Dans l'exemple cité ci-dessus : « Ne me dépasse pas ; ne sois pas plus brillant que moi. »

5. Le jeu confirme également la position de vie, prouvant que moi ou les autres ne valons rien, ne sommes pas OK.

6. Le jeu permet d'éviter l'intimité et l'abandon authentique de soi à l'autre (le refus de l'abandon peut, semble-t-il, trouver son origine dans le fantasme de « dévoration »).

7. Enfin, le joueur cherche à rendre son comportement individuel imprévisible aux yeux de l'autre et d'échapper à son pouvoir. Il lui permet de garder une marge de manœuvre et, dans cette optique, celui qui réussit à garder la marge de manœuvre la plus grande a gagné.

8. Enfin, en ce qui concerne la signification sociale du jeu, elle réside dans le fait que, situé entre le passe-temps et l'intimité, il permet d'échapper à l'ennui du passe-temps sans s'exposer néanmoins aux dangers de l'intimité.

Il est parfois dangereux de vouloir casser ou modifier les jeux d'une personne. En effet, ils peuvent constituer pour elle sa seule source possible de « stimulation » ou de défense. Il existe cependant des manières de travailler au niveau de ces jeux les plus courants ; par exemple :

— Faire une intervention verbale ou non verbale propre à révéler le jeu ;
— Accepter une forme de complicité en procédant à un jeu de rôle ;
— Proposer plusieurs solutions ;
— Accentuer le jeu en le caricaturant, en outre par l'humour ;
— Scotomiser le jeu ;
— Analyser et élucider les tenants et aboutissants du jeu ;
— Proposer au joueur une autre façon de structurer le temps.

## IV. — Classification et degrés des jeux

En analyse transactionnelle, on a coutume d'établir une première classification des jeux selon le degré d'intensité avec lequel on joue ; on distingue trois degrés :

*1er degré.* — Il est socialement acceptable dans le milieu auquel appartient le joueur ; le dommage subi est simple (il se situe au niveau des sentiments parasites).

*2e degré.* — Il ne provoque aucun dommage irrémédiable, mais les joueurs préfèrent cacher ce jeu au public ; le 2e degré marque déjà plus les joueurs : ce sont les jeux conjugaux ou certains jeux vitaux (ils se situent au niveau des positions de vie).

*3e degré.* — Il se joue pour de bon et s'achève en clinique, au tribunal ou à la morgue. La marque est indélébile (il se situe au niveau des injonctions du scénario).

Ainsi, par exemple, dans le jeu « au viol », où une jeune femme laisse croire à un jeune homme (qui peut aussi feindre de le croire) qu'il pourra la séduire en l'emmenant chez lui ; quand ils sont parvenus au domicile, la porte refermée, devant les assiduités du garçon, elle peut engager des jeux à des degrés différents :

*1er degré.* — La jeune femme déclare, dès les premiers élans du garçon : « Dites, jeune homme, je ne suis pas celle que vous croyez, vous vous méprenez complètement. »

*2e degré.* — La jeune femme remonte sa jupe, adopte une attitude provocante et, face à l'empressement du garçon, le gifle en s'écriant : « Jeune homme, je ne suis pas celle que vous croyez. »

*3e degré.* — La jeune femme donne suite aux avances du garçon puis, l'acte consommé, se lève, ouvre la fenêtre et crie « au viol », ou bien prend un revolver dans le tiroir et « se tue ou le tue », ou prétend qu'il l'a violée, etc.

Notons qu'une personne peut parfaitement passer d'un degré à un autre plus élevé et pratiquer de la surenchère, si le thérapeute ou « l'aidant » la prive des bénéfices de ses jeux préférés du 1er degré.

## V. — Quelques exemples de jeux familiers

La vie sociale est remplie de jeux familiers et c'est précisément l'objet de la « psychiatrie sociale », dont l'analyse transactionnelle ne constitue qu'une partie, que de les repérer, les analyser et les transformer. En voici quelques-uns :

*Le mien est mieux que le tien.* — Ce jeu se pratique dans la vie de tous les jours, mais plus particulièrement dans la vie sociale où il occupe une majeure partie du temps consacré aux relations entre les gens. Il consiste à se vanter auprès d'un tiers (supérieur hiérarchique, dirigeant ou collègue) : on réussit mieux ce qu'on entreprend que le collègue, le concurrent, l'autre. « Je suis plus fort que toi. »

Ce jeu typique de la vie professionnelle trouve son origine dans l'égocentrisme de l'enfant : il s'agit de cette tendance observée à tout ramener à lui et à son échelle de valeur, à tout accaparer ; de sa difficulté à appréhender et à saisir les autres comme différents de lui, à partager. L'enfant éprouve un tel besoin d'être sécurisé et aimé qu'il est hypersensible : qu'on vienne à dire à son frère : « Tu es bon, intelligent, sensible », aussitôt l'enfant pense que c'est autant de qualités qu'on ne lui reconnaît pas.

*Battez-vous tous les deux.* — « Dites, Monsieur... (ici le nom du responsable ou du collègue), savez-vous ce que Lecourbe a dit de vous à l'issue de la dernière réunion ? Il a dit que vous manipuliez le groupe pour lui faire dire ce que vous vouliez. »

*Les défauts.* — A un collègue : « Tu ne trouves pas que Leblanc est jaloux ? Lenoir est aigri, Lejaune est malhonnête, quant à Levert, son sens de l'économie n'est en fait que de l'avarice. »

*Regarde ce que tu m'as fait faire.* — Un responsable sollicite et accepte les remarques d'un de ses collaborateurs, puis, observant que le résultat est mauvais, se retourne contre lui en disant : « Regardez ce que vous m'avez fait faire. » Bénéfice obtenu : le responsable culpabilise l'autre pour cacher sa propre peur ou son impuissance.

*Schlemiel ou « Le Gaffeur ».* — Un invité répand le contenu de son verre sur la moquette de son hôtesse, puis s'excuse ; l'hôtesse répond : « Il n'y a pas de mal. » Le bénéfice est que l'invité se prouve à ses yeux son innocence, se persuade qu'étant destructeur ou désagréable, il peut néanmoins être pardonné.

*Ereintée (version féminine).* — Une ménagère ou une femme d'intérieur se livre à 10 ou 12 rôles différents dans sa maison : laver les enfants, préparer les repas, faire les courses, etc. Quand arrive le soir, elle s'immobilise brutalement et dit : « Je suis éreintée, j'en peux plus. Dis, chéri, tu mets la table ? » Le bénéfice est qu'elle invite son mari à reconnaître tout ce qu'elle peut faire à la maison.

*Coincé (version masculine).* — M. Leblanc (persécuteur) s'irrite des dépenses et des sorties de Madame. Il lui reproche de ne pas s'occuper suffisamment des enfants. Ce qu'il veut réellement, en fait, c'est qu'elle reconnaisse de façon quelconque le courage dont il fait preuve afin de bien gagner sa vie. Elle comprend le jeu, mais feint de l'ignorer, et comme elle ne prend pas au sérieux l'énervement du mari, il s'en va, déçu et plein de rancune (victime). Elle, reste contente, triomphante (persécutrice).

*Sans Toi.* — C'est le deuxième jeu le plus célèbre découvert par les analystes transactionnels après le « Pourquoi est-ce que vous ne..., oui, mais. »

Mme Lerouge se plaint de ce que son mari l'empêche de vivre, de voir ses amies, de sortir, de faire de la gymnastique en ville, l'oblige à rester à la maison. En fait, elle l'a choisi parce qu'il est autoritaire et lui indique souvent ce qu'elle doit faire.

Le bénéfice est qu'elle éprouve une peur quasi maladive à s'afficher en public et à établir des contacts avec les gens, ainsi le « sans toi » lui permet d'éviter de s'y confronter.

CHAPITRE VIII

# LE SCÉNARIO OU PLAN DE VIE

On utilise le concept de scénario, car, à l'instar du théâtre et du cinéma, la vie de l'individu se déroule comme une pièce, un film ou un conte de fées. Comme dans ces derniers, cela commence le plus souvent par un sort jeté par un ogre ou une sorcière et se termine par une délivrance.

Les analystes transactionnels ont coutume de distinguer dans un scénario : les injonctions, les prescriptions, le programme ou modèle technique, la matrice du scénario (ou schéma), la décision.

**Les injonctions.** — Elles sont à l'origine du scénario que l'enfant va construire. Il s'agit toujours, structuralement, d'interdictions du comportement spontané de l'enfant qui proviennent de l'Enfant du parent.

Elles reflètent leurs craintes de ne pas rendre leurs enfants heureux, leurs désirs de les voir réaliser ce à quoi eux ont aspiré et qu'ils n'ont pu atteindre ou ont abandonné en route dans la construction de leur personnalité. Elles traduisent aussi leurs souhaits de les pousser à assouvir désirs et fantasmes qu'ils s'interdisent de satisfaire eux-mêmes.

Elles possèdent d'autant plus d'impact qu'elles

reflètent les tout premiers sentiments éprouvés par les parents à l'égard de leurs enfants à un âge où l'Adulte de ceux-ci est encore mal assuré de son autonomie. Elles sont à l'origine du « sort jeté ».

« Oh ! celui-là, avec son œil coquin, il finira comme le cousin Jules, tu sais, le coureur de jupons » (ce qui n'est, hélas, pas précisé, c'est que Jules est mort seul, abandonné de tous).

Structuralement, les injonctions s'adressent à l'Enfant fou de l'enfant (c'est-à-dire de l'Enfant dans l'Enfant du petit garçon ou de la petite fille).

Les caractéristiques des injonctions sont les suivantes :

— elles sont non verbales et envoyées à un âge où l'enfant ne comprend pas bien ce qu'on lui dit (Adulte encore peu solide et contaminé) ;
— elles s'adressent à la partie la plus vulnérable de l'enfant (du fait de la dépendance totale à l'égard de ses parents) ;
— elles proviennent de personnages tout-puissants, ayant droit de vie et de mort sur eux :
— la mère, comme fée, donne les permissions, mais comme sorcière, les injonctions ;
— le père, comme bon géant, donne les permissions, mais comme ogre, les injonctions ;
— elles affectent une zone plus ou moins grande du comportement. Cela peut aller de « Ne laisse pas traîner tes chaussures dans la salle de bains ! » à « Ne refléchis pas ou ne sois pas heureux ! » ;
— elles sont en général renforcées par les prescriptions, ordres ou contre-injonctions.

Exemple : à l'injonction « Ne sois pas un enfant », correspond souvent l'ordre ou prescription « Sois fort ou presse-toi de grandir », constituant ainsi un *double bind* ou une double contrainte pour l'enfant.

Exemples d'injonctions (d'après Mary et Robert Goulding) :

1) N'existe pas
2) Ne sois pas toi-même
3) Ne sois pas un enfant
4) Ne grandis pas
5) Ne réussis pas
6) Ne fais pas
7) N'aie pas de valeur
8) N'aie pas d'attaches
9) Ne sois pas intime
10) Ne sois pas sain d'esprit, ne te porte pas bien.

**Les prescriptions ou ordres.** — Emises depuis le Parent critique ou nourricier des parents, les ordres ou prescriptions indiquent à l'enfant la manière de construire sa vie pour s'adapter à leurs exigences. Elles sont généralement verbales et constituent la base de ce que Steiner appelle le « contre-scénario ».

Ce dernier peut être considéré comme l'inverse du scénario puisqu'on y prescrit en général des comportements opposés à ceux qui sont adoptés dans le scénario. Par exemple, dans le cas d'un alcoolique chez qui alternent les périodes de « cuite » et de rémission, le contre-scénario suit le scénario, s'accompagnant en général de sentiments d'obligations, de devoir moral (« c'est vraiment affreux de boire, je jure que je ne recommencerai plus »).

Au contraire, suivre son scénario permet une grande satisfaction, même si elle se paie chèrement et au prix fort (drogue, alcool, etc.).

Ces messages :

— qui limitent, stérilisent (PC —), mais aussi stipulent les droits et devoirs de l'enfant (PC +) ;
— qui freinent son autonomie, le « surprotègent » (PN —), mais aussi le conseillent et le rassurent (PN +) ;

et qui peuvent être extrêmement variés, ont cependant été regroupés en cinq catégories (mises en évidence par Taibi Kahler) : sois parfait ; sois fort ;

presse-toi ; acharne-toi, fais des efforts ou essaie, essaie encore ; fais plaisir.

**Le programme ou modèle technique.** — L'être humain réalise en fait toujours les choses pour quelqu'un d'autre, et en particulier pour ses parents : c'est précisément ce qui fonde l'idée du scénario. En ce sens on peut dire, selon le mécanisme de l'identification œdipienne, que c'est la mère qui dit au garçon ce qu'il doit faire, tandis que son père lui dit comment y parvenir en lui donnant le programme (le processus est inversé pour la fille).

Le phénomène se passe le plus souvent lorsque le petit garçon remarque l'attention soutenue avec laquelle la mère écoute son mari lui raconter ses exploits professionnels ou autres. On peut résumer le programme en disant qu'il répond à la question : comment faire ?

**La matrice du scénario.** — Mise au point par Steiner, la matrice est un diagramme ou schéma permettant de rendre compte de façon lisible et concrète de tous les éléments d'un scénario. Elle peut être représentée de la façon suivante (voir fig. 25).

*Structuralement et historiquement.* — C'est le E1 de l'enfant qui reçoit les injonctions premières des E2 des parents (injonctions non verbales).

Exemple : le père interdit ou déconseille formellement à son fils de choisir la même profession que lui, car elle est trop astreignante, mais il lui donne implicitement l'exemple inverse en rentrant tous les soirs après 21 h, montrant par là qu'elle est intéressante.

C'est le P1 de l'enfant qui reçoit les messages contraignants ou prescriptions du P2 des parents : « Allez, continue ! essaie d'avoir une meilleure note en maths la prochaine fois. »

C'est le A1, ou « Petit Professeur », qui prend la

décision en faisant en sorte de tenir compte, à la fois des directives et interdictions des parents et de ses désirs et envies propres. Par exemple, dans l'exemple choisi ci-dessus, il pourra décider de choisir

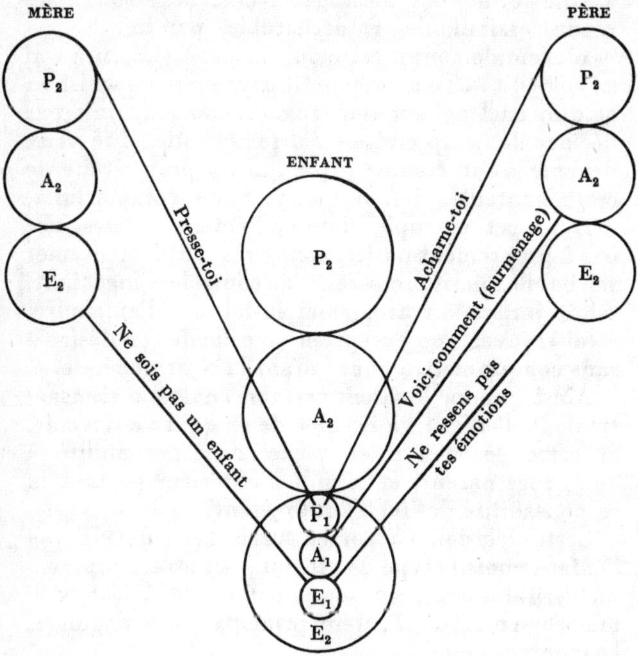


Fig. 25. — Un aîné de famille

une autre profession que celle de son père, mais finalement se surmènera comme lui.

**La décision.** — A partir de ces influences contradictoires, mais qui se renforcent mutuellement, l'enfant va néanmoins prendre une décision lui permettant à la fois d'intégrer les contraintes senties et de satisfaire ses désirs et envies propres.

Pour cela, il va utiliser ce que Berne appelle d'un mot imagé « le langage marsien » et qui consiste à transformer les messages reçus, de façon à les rendre assimilables et acceptables par lui.

L'exemple connu est celui du petit garçon à qui sa mère dit : « Tu es trop petit pour boire du whisky » et qui, enclenchant son langage marsien, finit par décider de comprendre « Autrement dit, si je veux devenir grand comme papa, qui est propriétaire de cette bouteille, il faut que je boive comme lui ».

Dans cet exemple simple, l'enfant ne désobéit pas à proprement parler, mais, très subtilement, met son habile « petit professeur » au contrôle, s'ingéniant, tel un juriste, à transgresser la loi sans l'enfeindre, à lui trouver une exception — celle de son désir — sans compromettre pour autant la règle générale.

Ainsi, comme le disent certains analystes transactionnels, l'enfant va décider de ce qu'il va devenir, et cette décision il en porte la responsabilité à 50 % ; les parents et le milieu extérieur portant la responsabilité des 50 % qui restent.

Cette décision va porter sur le type de vie que l'enfant choisit, type de vie qui peut être comparé à un véritable scénario dont l'enfant est à la fois le metteur en scène, l'acteur principal, le dialoguiste, le monteur, etc.

**Classification des scénarios.** — Les analystes transactionnels ont coutume de l'établir en fonction de deux critères, selon qu'il s'agit :

— d'un scénario de « perdant », « gagnant », « non gagnant » ;

— de son contenu et de sa situation dans le temps vécu.

*Le « gagnant », le « non-gagnant », le « perdant »*

— Le « gagnant » est la personne qui remplit son contrat avec lui-même, le monde les autres et réalise les objectifs qu'il s'assigne.

Il commence par projeter un objectif, s'engage à l'atteindre, et l'atteint bel et bien. En termes d'AT, on l'appelle « prince ou princesse ».

— Le « non-gagnant » travaille toute la journée puis, tout le mois, toute l'année, toute la vie, non pour gagner mais pour s'en sortir à égalité en disant : « Au moins je n'ai pas eu de... ; cela aurait pu être pire après tout. »

— « Le perdant » s'arrange pour ne pas réaliser ses objectifs et contrats avec lui-même et les autres. Il dit : « Si j'avais pu..., j'aurais dû..., oui mais... » ; en AT, on l'appelle le « crapaud ou la grenouille ».

On ne peut mieux résumer ou préciser ces définitions qu'en laissant une fois de plus parler Eric Berne (1).

« Le gagnant sait ce qu'il fera s'il perd, mais n'en parle pas ; un perdant ne sait pas ce qu'il fera s'il perd, mais il parle de ce qu'il fera s'il gagne. »

Notons par ailleurs que, lorsque le scénario ou plan de vie a une fin tragique, on l'appelle « hamartique », et lorsqu'il sort de l'ordinaire « exceptionnel ».

**Les six types de scénaro selon Berne :**

1) *Jamais.* — Mythe : le supplice de tantale.
2) *Toujours.* — Mythe : Arachné.
3) *Avant ou jusqu'à.* — Mythe : Jason.
4) *Après.* — Mythe : Damoclès.
5) *Sans cesse.* — Mythe : Sisyphe.
6) *Trop court ou sans conclusion.* — Mythe : Philémon et Beaucis.

**Le miniscénario.** — Concept mis au point par Kahler et Capers, le miniscénario établit et révèle comment et par quel mécanisme ou procédé, en l'espace de une à sept secondes, plusieurs fois par jour, nous renforçons notre scénario personnel et

(1) *Que dites-vous après avoir dit bonjour ?...* (p. 176).

ainsi validons et consolidons nos croyances sur nous-mêmes et les autres (la dynamique du miniscénario est interne).

On l'appelle miniscénario parce qu'on y observe de façon privilégiée, en l'espace de quelques secondes et comme en modèle réduit, ce qui se passe, grandeur nature, sur toute une vie.

Ce renforcement du scénario se déroule en quatre étapes bien distinctes. Nous allons l'illustrer par un exemple :

| *Mécanismes du miniscénario* | *Illustration* |
|---|---|
| 1) *Prescription* ou ordre reçu :<br>Presse-toi !<br>(je ne peux être OK + que si je me dépêche). | Exemple d'un jeune étudiant révisant ses mathématiques avant l'examen trimestriel.<br>Désir : se reposer, se détendre.<br>Racket, sentiment parasite, rôle à jouer : « l'étudiant infatigable ». |
| 1) *Prescription* ou ordre reçu :<br>Presse-toi !<br>(je ne peux être OK + que si je me dépêche). | « Je prendrais bien un peu de repos avant de continuer à réviser. »<br>(Prescription : tu es OK si tu te dépêches.) |
| 2) *Injonction*<br><br>Ne ressens pas tes émotions !<br>N'exprime pas tes besoins ! | « Mais j'ai du retard sur mon programme, je ne peux pas. »<br>(Injonction : Ne ressens pas tes émotions et désirs.)<br>Position de vie : je OK — ; tu OK + (les autres ont de la chance ; ils n'ont rien à réviser, eux). |
| 3) *Réaction de soumission* (EAS) *ou réaction de rébellion* (EAR) | — *Soumission*<br>« Quand aurai-je enfin une minute à moi ? »<br>Position de vie : je OK —, tu OK + (EAS).<br>— *Rebellion*<br>« La barbe, à la fin, il faut toujours réviser quand il fait beau ; j'en ai assez de toutes ces compositions et du professeur ! »<br>Position de vie : je OK +, tu OK — (EAR). |

| *Mécanismes du miniscénario* | *Illustration* |
| --- | --- |
| 4) *Bénéfice final négatif* Sentiments d'impuissance, d'apitoiement sur Soi : la personne ressent un malaise dans les secondes qui suivent le cycle. | Bénéfice final : « C'est toujours pareil, il faut toujours que je me dépêche ; je n'arrive pas à me détendre vraiment ; je ne changerai jamais ! » Position de vie : je OK —, tu OK —. |

Si ce comportement est typique du scénario de la personne, elle passe successivement par des positions de vie différentes pour terminer sur la position je OK — tu OK — et éprouve, à la fin du cycle, un sentiment de malaise, d'impuissance, de tension et de crispation intérieure.

On peut ainsi représenter sur les schémas suivants le miniscénario négatif et le miniscénario positif qui lui correspondent sur le plan thérapeutique.

MINISCÉNARIO NÉGATIF

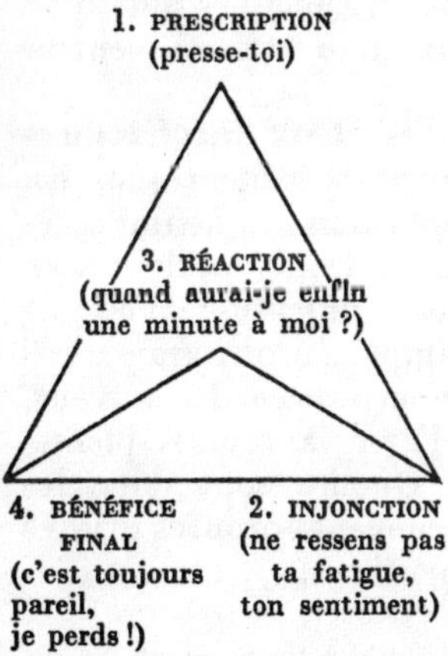


MINISCÉNARIO POSITIF

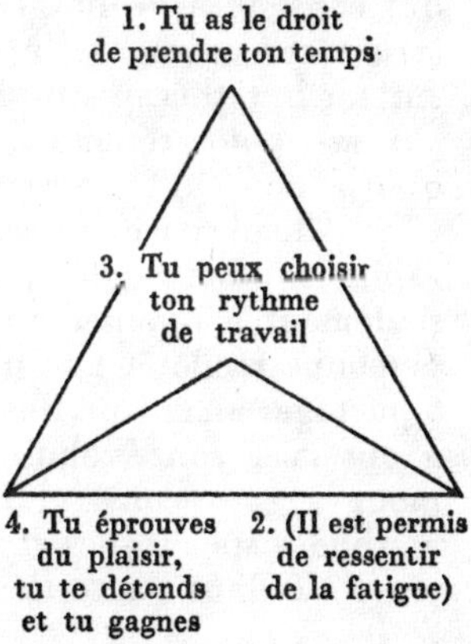

Chapitre IX

# L'AT, OUTIL THÉRAPEUTIQUE

L'AT, comme outil thérapeutique, a été créée pour apporter une solution originale et nouvelle dans le monde de *l'aide* aux insuffisances essentielles révélées dans la pratique de la relation thérapeutique :

— Le thérapeute, l' « aidant », qui a pour mission de favoriser chez le client la reprise d'une communication interrompue, adopte une attitude détachée, froide. Il est par ailleurs peu compris de ses clients qui trouvent son langage ésotérique.

— Il n'existe aucun contrat passé entre le thérapeute et le client, en ce sens qu'aucune des deux parties ne sait à quoi elle s'engage et pour combien de temps. Les cures peuvent être interminables ; on finit par s'y adonner comme à un passe-temps qui consiste à décharger ses pulsions (1) plus qu'à structurer ensemble, à deux, une activité centrée sur un but thérapeutique.

C'est pour répondre à ces deux insuffisances qu'est née l'AT comme outil thérapeutique. En effet, elle propose des concepts simples, assimilables rapidement. Le thérapeute invite le patient non seulement à renouer une communication avec une personne réelle et non un simple miroir, mais aussi à partager un savoir, des connaissances, des moyens, à observer son évolution, l'associant ainsi pleinement à sa reconstruction. Quelles sont donc les méthodes spécifiques et les concepts propres utilisés par l'AT dans l'acte thérapeutique.

(1) « Trop décharger ses pulsions revient à les entretenir » disait Assagioli, fondateur de la psychosynthèse (Communication lors d'un séminaire de psychosynthèse).

Tout d'abord celle du contrat : s'il existe bien, en effet, une idée spécifique à cette discipline et profondément novatrice par rapport aux autres thérapies (sauf peut être les techniques béhavioristes) c'est bien celle-ci.

**Le contrat.** — Inspiré du domaine juridique et administratif, le contrat consiste en un engagement mutuel, un accord défini entre le thérapeute et le client sur ce qu'ils vont faire ensemble : l'objectif à atteindre, les étapes pour y parvenir, les signes tangibles de l'évolution, les formes de sabotage du client (rackets) et les résultats concrets qui témoigneront que les objectifs sont atteints.

Le contrat peut être passé soit en séances individuelles, soit dans un groupe ; dans ce cas, ce dernier est associé activement à la réalisation du contrat de chaque participant. Ce groupe par ailleurs peut être de thérapie, de développement personnel, d'entreprise.

Enfin, il est passé entre l'Adulte du thérapeute et l'Adulte, ou l'Enfant libre du participant. Il doit être formulé simplement, faute de quoi il est rendu irréalisable et peut favoriser des jeux de persécuteur du type : « Mais c'est pas du tout ce que je voulais dire. »

Exemple de contrat passé par un individu :

*Objectif :* Parvenir à exprimer mes sentiments et en particulier ma colère lorsque je suis en désaccord avec ma femme.

1re *étape :* Cela au moins une fois pendant les deux jours que dure le séminaire.

Le thérapeute : « Comment t'y prends-tu habituellement pour ne pas changer ce que tu souhaites changer, quelles sont tes façons coutumières de « saboter » ? »

Le client : « A chaque fois que j'ai envie de me mettre en colère ou affirmer mon désaccord par rapport à des thèmes importants de la vie du couple, je « sabote » en devenant tout à coup gentil, arrangeant ; je joue au distrait, à celui qui a mal entendu. »

Le thérapeute : « Quel est alors ton bénéfice ? Qu'est-ce que cela te permet de dire sur toi, que tu aimes bien entendre ? »

Le client : « Décidément j'ai du mal à prendre des décisions importantes dans la vie de notre couple. Heureusement, ma femme est là ; elle a le temps de s'occuper de tout cela, elle. » (Dévalorisation implicite de son Adulte et passivité : ne rien faire. Symbiose avec sa femme.)

Thérapeute : « Puisque tu veux changer cela, à quoi pourrons-nous observer, nous ou tes proches, que tu auras changé ? »

Le client : « Quand ma femme pourra dire (contrôle externe) : « Il parle au moins trois fois par semaine de sujets importants pour la vie du ménage (choix des vacances, l'éducation de nos enfants...).

— « Lorsque j'affirmerai mes désaccords sur ces sujets sans agresser ma femme pour autant, ou sans avoir l'impression de perdre » » (contrôle interne).

L'avantage fondamental du contrat réside dans la volonté affichée d'associer le client à sa propre évolution et en conséquence à lui éviter de s'installer dans une symbiose avec son thérapeute.

Par ailleurs, le fait de le formuler, et cela par écrit, constitue déjà un puissant moyen de se venir en aide à soi-même et prend valeur d'un premier acte thérapeutique.

*Ses conditions d'établissement.* — Outre le but, la négociation, le fait que les parties contractantes sont libres de le passer, le délai (partie sans doute la plus difficile à fixer), il va de soi que le contrat peut être l'objet d'une libre rupture sous réserve que des explications soient données. Il existe cependant des situations où il est pratiquement impossible de passer un contrat ; par exemple dans une institution où l'on vous demande de recevoir un enfant difficile, délinquant, ou un malade, qui n'ont rien demandé pour leur part ; ou bien dans une situation d'urgence ou le patient visiblement en état de stress total est sous le coup d'une forte émotion.

Dans ces cas, l'analyste transactionnel ne passe pas de contrat avec le patient mais avec lui-même, sous forme d'une question :

« Qu'est-ce que je veux, qu'est-ce que je peux décider de faire avec ce client ? Ce que je veux, c'est... rétablir la confiance ou établir simplement un contact. »

Un autre cas assez fréquent peut se présenter : celui par exemple d'une mère qui téléphone à son thérapeute ; elle se plaint de son fils (12 ans), veut qu'il le voie car il pose des problèmes, ne fait plus rien à l'école, indispose son mari, etc.

Le thérapeute ne peut évidemment pas passer de contrat (le 2e signataire étant absent), par contre il peut inviter la mère à en formuler un si elle le veut.

Réponse du thérapeute :

« Je regrette, je ne peux évidemment pas voir votre fils dans de telles conditions ; je préférerais que ce soit lui qui me téléphone s'il sent que quelque chose ne pas va. Par contre, si vous souhaitez me parler, me dire de vive voix comment, vous, vous ressentez et vivez tout cela, je suis prêt à vous recevoir tel jour à telle heure. »

Dans tous les cas, le contrat permet à l'analyste transactionnel de poser les bases d'une relation où la responsabilité est partagée ; il ne peut faire plus de 50 % du chemin sous peine de renforcer la passivité du client.

D'autre part, il existe un autre type de contrat dont parlent les Analystes transactionnels et qui joue un rôle important dans le processus de l'évolution du client, c'est ce qu'on appelle *le contrat secret*. Il détermine, en effet, l'issue de la relation d'aide et constitue la vraie nature de la relation entre le thérapeute et le client.

Il est donc capital que l'analyste connaisse ses

points faibles, ce par quoi il peut être manipulé et peut manipuler le client. Par exemple, si l'analyste ne supporte pas le témoignage de sentiments de tristesse et de dépression, il fera tout pour dissuader le client, par des attitudes et des mimiques, d'expérimenter de tels sentiments. D'où la nécessité d'une bonne formation, d'une bonne expérience et d'une supervision (2), car si tout ce qui n'est pas dit n'est pas nocif, il est préférable de connaître ce qu'on dit de nocif. Il existe presque toujours un contrat secret. En parler peut permettre d'avancer dans la résolution des difficultés. Il peut être intégré au contrat premier et faire l'objet d'un *avenant*.

Pour résumer les conditions d'établissement d'un contrat, disons avec Claude Steiner que quatre conditions essentielles existent pour qu'un contrat soit valide.

*La compétence.* — Le thérapeute offre sa formation, son savoir et les met à la disposition du client.

*Le consentement mutuel.* — Le patient et le thérapeute se mettent d'accord pour définir et décider sur quoi ils travaillent.

*Rémunération.* — Le thérapeute donne son temps, son savoir, son expérience ; le client paie le thérapeute en fonction de son propre niveau de vie.

*Objet légal.* — Le contrat ne peut être ni contraire à la loi, ni contraire aux valeurs et à la morale du patient ou du thérapeute.

Nous venons de préciser la définition du contrat, ses conditions d'établissement et de validité ; voyons maintenant quelle est la nature des diffé-

(2) En AT comme dans d'autres approches, il est nécessaire d'être supervisé.

rents contrats que l'on peut signer en AT. Ils sont de deux ordres :

— les contrats de contrôle social,
— les contrats d'autonomie.

*Les contrats de contrôle social.* — Ils visent à faire apparaître un changement comportemental par la disparition d'un symptôme désagréable ou par son aménagement (le patient finit par vivre avec).

Exemples de contrats sociaux : cesser de fumer, obtenir son diplôme de comptable avant la fin de l'année, retrouver une petite amie avant six mois ; c'est le cas par exemple de l'alcoolique qui ne boit plus (alcoolique abstinent, personne qui a cessé de fumer mais qui se ronge les ongles). A cet égard, ce type de contrat conduit souvent, en termes d'AT, au déroulement du contre-scénario (on entend en effet la voix de sa conscience, on se soumet au précepte moral sans pour autant avoir renoncé totalement à son désir ; simplement l'accès en est interdit (c'est fort et courageux que de ne plus fumer, c'est vrai mais il y avait des moments agréables quand même, surtout après le café !).

*Les contrats d'autonomie.* — Ils ont pour but l'abandon du vieux scénario en évitant le refuge dans le contre-scénario (3). Ces contrats visent à permettre l'apparition d'un nouveau comportement ou la disparition d'un ancien.

Dans ce type de contrat, on entreprend un travail plus profond et nécessairement plus régressif permettant de conclure à une véritable redécision. Je décide ce que je veux être et devenir maintenant, et qui n'est plus ce qu'on craignait ou que je sois

(3) Contre-scénario : ensemble des prescriptions parentales.

(injonction : « ne sois pas »), ce qu'on me commandait d'être (injonction : « sois »).

*Le rôle du thérapeute en AT : les trois « P ».*

*La protection.* — Le thérapeute se doit d'apporter la protection par sa présence chaleureuse dans les moments d'angoisse du sujet.

*La permission.* — C'est remettre en contact l'individu avec son Enfant libre, lui donner enfin la permission d'être lui-même.

*La puissance.* — Indique au sujet qu'il peut compter sur la force et l'expérience du thérapeute.

Après les rôles que le thérapeute AT doit activer dans sa relation au client, voyons maintenant de quels outils et méthodes il dispose pour l'aider à renouer la communication.

*Les techniques et méthodes utilisées.* — L'AT est une nouvelle théorie qui permet de rendre compte de la personne humaine et de la comprendre, mais elle ne dispose pas, à l'égal de ses concepts, d'outils qui lui soient proprement spécifiques (hormis le jeu des chaises). Aussi n'hésite-t-elle pas à emprunter aux techniques de *gestalt* (« la chaise vide », l'exercice du « grand chef et du sous-fiffre ») ou des techniques mises au point par les spécialistes de groupes de rencontre (4), de la psychosynthèse, des questionnaires et enfin des techniques de bioénergie (position de stress). C'est sans doute par cette dernière qu'elle se voit le plus enrichie, pouvant grâce à elle s'ouvrir à l'approche corporelle et débusquer ainsi les défenses là où, en dernier recours, elles viennent se nicher (dos, reins, etc.). Ce travail

(4) Voir Steiner, *L'analyse transactionnelle*, Editions universitaires, p. 114 ; voir *Joie* de Schutz, Ed. de l'Epi ; *Psychosynthèse*, Assagioli, Ed. de l'Epi.

d'élargissement de l'AT ne peut qu'honorer ceux qui s'y livrent. A cet égard, nous ne connaissons guère en France qu'un petit groupe de thérapeutes (5) qui se soient livrés à ce travail de pionnier.

Cependant, l'expérience professionnelle acquise dans le domaine de l'AT permet à Steiner de classer huit grandes catégories d'intervention, fréquentes dans cette théorie. Nous citerons la plus célèbre, qui est *la confrontation*.

Cette technique a pour but, comme son nom le laisse supposer, de bousculer le client pour lui faire prendre conscience d'états contradictoires en lui. Exemple : le sujet rit, alors que ce qu'il dit est triste et émouvant.

Le thérapeute, fâché : « Personnellement, je ne trouve pas drôle ce que tu dis ; c'est même triste, ton histoire ! ».

Ou bien, après une séance : « Alors maintenant, qu'est-ce que tu décides ? » Souvent, la confrontation réussie est suivie d'une interprétation : « C'est vrai ce que vous dites, voilà pourquoi j'ai agi ainsi... »

*Le but du traitement.* — Quelles que soient les méthodes et techniques utilisées, le but du traitement reste le même : aider le client à atteindre les objectifs de son contrat.

L'AT définit la guérison par l'accès à l'autonomie qui s'exprime sur trois registres : la conscience, la spontanéité et l'intimité, ou comme dirait Berne : « Faire de lui un prince ou un gagnant. Faire d'elle une princesse ou une gagnante. »

(5) Dont Vincent Leenhardt, voir son ouvrage : *L'AT, concepts et procédures*, et, tout particulièrement, les chapitres 11, 14, 15 où Leenhardt emploie le concept de « l'analyse biotransactionnelle », Ed. Retz, 1980 ; J.-M. Fourcade et V. Lenhardt, *AT et bioénergie*, J.-P. Delarge Edit., 1981.

## Chapitre X

# L'ANALYSE TRANSACTIONNELLE ET LE DÉVELOPPEMENT DES ORGANISATIONS

### I. — L'AT comme outil d'analyse des blocages et clivages entre personnes et services

Lorsqu'une entreprise se rend compte que les problèmes humains bloquent son évolution et interfèrent dangereusement sur ses performances techniques et économiques, elle peut avoir judicieusement recours à un analyste transactionnel. Jusque-là, on se contentait d'interviewer les acteurs seuls ou en groupe, on proposait des procédures de travail, en particulier des entretiens et des réunions plus nombreuses, et on remettait le tout sous forme d'un fort rapport rendant compte descriptivement d'une intervention et concluant sur des propositions de changement. La démarche d'un analyste transactionnel sera différente dans la mesure, en particulier, où l'implication des acteurs sera plus importante. Donnons-en un exemple simple.

Une entreprise de service connaissant une grosse crise de croissance se trouve confrontée au problème suivant :

La direction veut structurer l'entreprise, donc la hiérarchiser, la « départementaliser » et mettre en œuvre des procédures plus rigoureuses de classement, de facturation, de suivi de clientèle, etc. Dans le même temps, les employés, habitués à une atmosphère artisanale, rejettent le projet de la direction et résistent au changement. Comme par ailleurs, les hommes de la direction, de plus en plus débordés, avaient laissé se dégrader le climat social, la situation se tend jusqu'à la grève. Le personnel, prétextant l'inflation galopante, se focalise autour du thème des augmentations de salaire.

L'analyste transactionnel propose alors la démarche suivante :

*1re étape, le Constat :*

1) Présenter l'AT comme un instrument opératoire lors des discussions.
2) Faire acquérir les principaux concepts en même temps aux membres de la direction et du personnel (savoir : P, A, E - transactions simples et complexes, notions de symbiose, jeux et rackets, principe de contrat opérationnel négocié).
3) Enumérer et décrire les problèmes actuels, après s'être accordé le temps de l'analyse et de la réflexion.
4) Enumérer et décrire ce que l'on veut voir changer dans l'entreprise :

— au niveau de la direction,
— au niveau du personnel.

L'analyste transactionnel entame alors la 2e étape.

*2e étape, le Contrat :*

1) Transcription des problèmes en termes d'AT - repérage des jeux et « sabotages », élucidation des transactions cachées, des sentiments parasites et mise en lumière des scénarios suivis par chacun. Ici on introduit un langage de vérité, parfaitement clair, transparent pour tous, et c'est là que le groupe se soude, confronté qu'il est à ce travail d'analyse et d'élucidation de ses propres « souffrances ».
2) On refait le point sur ce que l'on désire voir changer, tant au niveau individuel, qu'au niveau des groupes et sous-groupes.
3) On négocie, avec l'analyste transactionnel dans un rôle d'arbitre, des contrats opérationnels où chaque partie fait 50 % du chemin. La demande provient, indifféremment, et en tous les cas égalitairement, de la direction et du personnel.
4) On écrit les contrats, on les signe et on les publie.

L'entreprise s'accorde alors de trois à douze mois pour mettre en œuvre et expérimenter les nouvelles conduites et décisions prises. Puis on passe à la dernière phase.

*3e étape, le Contrôle :*

1) L'analyste transactionnel revient faire le point sur ce qui a réussi et sur ce qui a posé un problème.
2) On procède de concert aux réajustements nécessaires, après avoir analysé pourquoi certaines décisions n'ont pu être ni appliquées, ni suivies d'effets.
3) On renégocie des minicontrats opérationnels.
4) On les rédige, on les publie et on les signe.

Cette démarche, une fois acceptée, est menée à bien à quelques amendements et retards près, par rapport au calendrier prévisionnel. Rien de vraiment original n'est à noter dans les requêtes des employés (augmentations trimestrielles indexées sur le coût de la vie, trois ponts par an sans obligations de récupération, des réunions d'information sur les marchés et les clients nouveaux, ainsi que sur la marche financière de l'entreprise...). En revanche, ce qui est nouveau, c'est que la notion de contrat négocié, où chaque partenaire doit effectuer 50 % du chemin, est prise à la lettre et évite des crispations, des positions de principe stériles qui légitimeraient ailleurs l'état de crise et de divorce entre direction et salariés.

Enfin, ce qui semble particulièrement intéressant, c'est la décontamination opérée entre les états Parent critique de la Direction et Enfant rebelle du corpus des salariés, pour activer des négociations Adulte-Adulte propres à satisfaire tout le monde, sans que cela remette en cause ni l'autorité des « patrons », ni la légitimité des syndicats.

Dans l'exemple considéré, la direction a acquis la structuration de l'entreprise et son organisation rationnelle pour faire face à son problème d'expansion ; l'ensemble du personnel a obtenu les procédures de rencontre et d'information qu'il souhaitait, sans compter la réactualisation des avantages en nature et des avantages sociaux.

Cette démarche s'apparente à ce que le Dr Thomas Gordon a appelé la méthode « sans perdant » dans son ouvrage *Cadres et dirigeants efficaces* (1). De plus, comme l'AT préconise de fixer entre parties contractantes des objectifs opérationnels non grandioses, chacune d'elles peut, à tout moment et facilement, contrôler qu'on ne contourne pas l'engagement de départ, et vérifier, à la fin, si les contrats ont été ou non remplis.

Dans l'exemple ci-dessus, l'analyste a forcé le groupe des employés à préciser en termes opérationnels sa demande, jusque-là vague et confuse, concernant le manque d'information dans l'entreprise. De quelles informations voulez-vous disposer, à quelle fréquence, sous quelle forme souhaitez-vous qu'elles vous parviennent, quelles garanties exigez-vous sur leur exactitude ?

Ce n'est qu'à ce moment-là qu'une négociation peut réellement s'engager et que chaque partie pourra apprécier si elle a bien parcouru la moitié du chemin prévue contractuellement.

De la même manière, la direction a été contrainte d'exprimer, en termes précis et concrets, ses attentes en matière d'organisation et ce qu'elle entendait par « un changement souhaitable des mentalités ». Notamment pour ce dernier point, on s'est aperçu de la difficulté de faire exprimer en termes opérationnels ce qui découle des concepts abstraits touchant aux comportements. Ainsi on fut amené à formuler ce que la direction espérait en matière de travail en équipe, relations téléphoniques avec la clientèle, bonne gestion des horaires de travail, mise en place de modalités de classement des dossiers « clients », organisation administrative par catégorie de chantiers, etc. Le langage et la dé-

(1) Dr Thomas Gordon, *Cadres et dirigeants efficaces*, Belfond, 1980.

marche de l'AT contraignent à des mots simples, à des déterminations franches, quantifiables et vérifiables, ce qui exclut de se quitter sur des promesses vagues, des objectifs flous et, pour finir, sur des désillusions.

De la même manière, l'AT peut proposer des décontaminations entre services jusque-là concurrents et rivaux, et non complémentaires, ou entre personnes bloquant les situations et stérilisant ainsi la bonne marche de l'ensemble. Autrement dit, l'AT a pour vocation d'aider l'entreprise à sortir de ses états de crises et ce, d'abord, parce qu'elle est un puissant outil d'investigation et d'analyse (fonction de révélation et de diagnostic), mais aussi, et surtout, parce qu'elle a une valeur de traitement curatif (fonction de résolution). Voir à ce sujet l'ouvrage de R. Benayoun, *Entreprises en éveil* (2).

## II. — L'AT comme outil de formation permanente

Le problème des formations au savoir-être est toujours d'actualité et nous allons essayer de délimiter les apports de l'AT dans le cadre de la formation aux relations humaines, telle qu'elle est vécue par l'entreprise.

Généralement, une formation humaine est sollicitée en regard des fonctions de communication ou de commandement, ou de vente, ou d'animation des hommes au sens large. Sinon, ce type de formation est demandé pour « rendre les gens plus efficaces » dans leur comportement de tous les jours. Autrement dit, tout se passe comme si ce collaborateur, bon technicien, bon commerçant, bonne

(2) Raphaël BENAYOUN, *Entreprises en éveil*, EME, 1979.

secrétaire, avait besoin d'une plus-value dans le domaine relationnel pour valoriser ses prestations. En partant de sa structure psychologique actuelle, ici et maintenant, on l'invitera à construire du neuf, à opérer des redécisions, à redéfinir un scénario professionnel et véritablement à « s'autogérer » (3).

Cette formation, pour être efficace, devra, dans la plupart des cas, descendre jusqu'à l'analyse des enregistrements parentaux passés qui perturbent le comportement professionnel actuel.

Les contrats de formation qu'on peut être amené à passer entre les deux institutions ou entre les deux personnes reviennent, à un moment donné et entre deux êtres humains, sous le sceau du secret professionnel, à cette question de base :

Que veux-tu changer dans tes rapports avec ton chef, tes collègues, tes subordonnés ? Que veux-tu changer en toi qui te permette de te sentir plus à l'aise dans ta fonction, et de mieux la remplir ?

Sur le plan pratique, et parallèlement à la situation thérapeutique, formé et formateur seront amenés à tenter de comprendre les situations-problèmes auxquelles est confronté l'individu. On utilisera l'arsenal habituel de l'analyse des transactions, on tentera de débusquer les jeux (avec la difficulté que cela sous-entend quand ils mettent en scène des partenaires absents), les rackets, les symbioses.

A un moindre degré d'implication du participant, on pourra utiliser l'AT uniquement en tant que langage, et faire alors des séminaires à but exclusivement didactique, où l'individu ne fait que s'approprier un nouveau langage d'analyse et de des-

(3) Dorothy Jongeward et Philip Seyer, *Gagner dans l'entreprise*, Interéditions, 1980.

cription des situations. On connaît dans ce cas la fameuse formule de plus d'un stagiaire : « Je pressentais, je savais tout ce que vous avez expliqué, mais je ne l'avais jamais aussi bien compris que depuis que vous l'avez baptisé. » L'AT joue ici le rôle d'un outil de décodage plutôt que d'un moteur du changement des structures mentales ou institutionnelles, mais cela n'est pas si mal pour une discipline, qui, dans la pratique, ne s'est jamais voulue grandiose.

Dans le cas particulier des formations intra-entreprises (4), entre membres d'une même institution, l'AT permet à tous les éléments du personnel d'avoir un code commun, d'instaurer ainsi plus aisément des transactions Adulte-Adulte, lors de l'analyse des relations interpersonnelles et des mises en cause éventuelles des scénarios professionnels suivis par chacun. Dans les conflits entre personnes présentes au séminaire, l'AT permet un travail identique à celui qui est décrit au premier cas d'utilisation mentionné dans ce chapitre.

Récapitulons les phases généralement suivies dans un séminaire de formation :

*a)* présentation de l'outil et identification des concepts de base ;
*b)* exposé par le stagiaire de sa problématique générale ou des cas particuliers qui ont fait nœud ;
*c)* exploration et approfondissement actif de ceux-ci avec l'aide du groupe présent ;
*d)* utilisation de la ou des chaises pour explorer plus activement encore les enjeux de celui qui est sur la sellette ;

(4) Voir V. Leenhardt, A. Cardon, P. Nicolas, dans *L'AT outil de communication et d'évolution*, Ed. d'Organisation, 1979.

*e)* finalement, on peut soit rester avec la découverte profonde que l'on vient de faire, soit redécider un nouveau contrat de changement et d'évolution.

Dans tous ces cas, l'animateur transactionnel tentera d'aider l'intéressé à mener à bien une analyse lucide et objective de la situation ; l'incitera à démêler, dans la situation conflictuelle présente, ce qui est à mettre au compte des injonctions parentales passées ; et essayera pour finir de lui faire passer de nouveaux contrats et de nouvelles décisions avec lui-même et son environnement.

## III. — La théorie organisationnelle de Berne

Berne s'est intéressé à la dynamique propre des organismes sociaux dans un ouvrage intitulé *Structure and Dynamics of Organizations and Groups* (5).

Quelques concepts sont originaux ainsi qu'une approche spécifique et systémique de l'organisation. Ils mériteraient d'être brièvement mentionnés ici :

1. **Les Frontières Visibles.** — Dans une institution, une entreprise, Berne s'attachait en premier lieu à observer les lieux et places occupés par les acteurs. C'est ce qu'il appelle les Frontières Visibles. Ainsi il n'est pas indifférent que deux étages ou une cour d'usine séparent deux services, deux collaborateurs et qu'ainsi les communications en soient affectées. La première tâche est donc d'effectuer un repérage de la carte spatiale de l'institution. Ce sera là un élément du diagnostic et de l'analyse institutionnels.

(5) *Structure et dynamique des organisations et des groupes*, J. B. Lippincott, 1963, non traduit en français à ce jour.

2. **Les Frontières Invisibles.** — Berne évoque ensuite trois Frontières Invisibles :

*a)* les Frontières Majeures Extérieures (FME : ce sont toutes les relations des membres de l'institution avec l'environnement extérieur) ;

*b)* les Frontières Majeures Intérieures (FMI : ce sont toutes les relations entre les membres eux-mêmes au sein de l'institution et dirigées contre le leadership de celle-ci) ;

*c)* les Frontières mineures Internes (FmI : ce sont toutes les relations interpersonnelles entre les membres sans perturbation du leadership).

3. **Le leadership et l'influence.** — Berne distingue dans toute institution trois types de leader exerçant une influence :

*a)* un leader responsable (et/ou effectif) officiel et reconnu ;

*b)* un leader psychologique plus informel, plus difficile à identifier que le précédent ;

*c)* un leader historique, primal, généralement le fondateur et le premier législateur de l'organisme. Il lui donne le nom d'Evémère (philosophe grec qui vivait 300 ans avec J.-C. et qui affirmait que les idées courantes sur les dieux dérivaient en fait de traditions à propos de personnages historiques réels anciens). Berne estimait peu probable qu'un organisme puisse survivre au-delà de deux générations s'il ne se reconnaissait aucun « évémère ».

4. **Le processus du groupe.** — Le groupe comprend essentiellement deux catégories d'individus :

— ceux qui ont l'initiative (leadership) ;

— ceux qui participent (membership).

— Le système FME va engendrer un couple : « Résistance du groupe - Pression de l'environnement ».

— Le système FMI va engendrer un couple : « Agitation - Sécurité et soumission ».

— Le système FmI va engendrer un couple : « Tension - Coopération ».

De l'équilibre des trois systèmes, dépendra la fiabilité, l'équilibre et le bon dynamisme de l'institution.

5. **La constitution et les lois : « le canon ».** — La constitution définit les lois et procédures de fonctionnement du groupe par opposition au processus.

La constitution définit les buts officiels et s'exerce dans un système de tensions positives. Le processus obéit à des buts officieux (agenda secret des groupes) et s'exerce dans un système de tensions négatives.

Une deuxième grande composante du « canon » est la culture qui suit le PAE :

P : c'est « l'étiquette », le protocole, le code des bonnes conduites à adopter, les habitudes de l'esprit « maison » ;

A : c'est la technologie, utile à l'activité technique du groupe ;

et E : c'est la vie affective émotionnelle, permise, recommandée ou autorisée (dénommée « le caractère » par E. Berne).

La culture des institutions peut être « ferme » ou « labile ». Dans la première, chacun sait où il se situe, dans la seconde l'individu est soumis au doute, à l'incohérence et son moral en est affecté.

Chaque acteur se fait une représentation de l'institution, de ses membres, de son leader, etc. C'est le concept d' « imago ». Berne postule qu'un groupe ne peut réussir si les « imagos » ne sont pas en accord avec la réalité.

Notons enfin que Berne distinguait trois types d'organisation :

— à structure simple (leaders et non-leaders) ;
— à structure composée (structure hiérarchisée) ;
— à structure complexe, voire compliquée (éclatement de la structure en sous-ensembles entre lesquels la tâche est éclatée et répartie).

Pour tout diagnostic institutionnel, l'analyste doit dresser 6 diagrammes :

*a)* le diagramme spatial (c'est la carte territoriale) ;
*b)* le diagramme de l'autorité (c'est l'organigramme hiérarchique) ;
*c)* le diagramme structural (c'est l'agencement des sous-ensembles, services et fonctions ou organigramme fonctionnel) ;
*d)* le diagramme dynamique (c'est ce qui se passe plus informellement et quotidiennement) ;
*e)* le diagramme des imagos (c'est la représentation que les acteurs se font d'eux-mêmes, de leur institution, de leur relation à l'environnement et aux leaders) ;
*f)* les diagrammes transactionnels (c'est l'expression en termes de transactions des relations).

Tout analyste transactionnel qui intervient dans une institution est amené à passer un contrat triangulaire dans l'ordre suivant :

— intervenant extérieur - pouvoir en place ;
— pouvoir en place - personnes concernées ;
— personnes concernées - intervenant extérieur.

**Ce contrat doit suivre la règle des 3 P vue au chapitre IX et s'attache à trouver un bon dosage d'autorité, entente, négociation, pour parvenir à progresser vers des formes croissantes d'implication des salariés à la vie de leur entreprise (Berne distingue 4 degrés : la participation minimale, l'insertion, l'engagement et l'appartenance).**

CONCLUSIONS

# VALEURS ET LIMITES DE L'AT

Bien que l'AT soit une discipline assez jeune, tentons néanmoins de l'évaluer :

## I. — Quelles sont les critiques les plus fréquemment formulées ?

Il y a celles qui sont spécifiques et celles qui sont propres aux psychothérapies humanistes dans leur ensemble.

Au titre des premières, il est courant d'entendre remettre en cause le jargon américain utilisé (« racket », *stroke* par exemple). Les américanismes ne sont en effet pas toujours clairs et il est sans doute préférable de leur substituer des concepts français (en l'espèce citée ci-dessus, sentiment parasite, et signes de reconnaissance ou stimulation). Cette critique apparaît donc comme mineure et non rédhibitoire.

La deuxième critique la plus répandue est que l'AT a été construite et élaborée par une suite de juxtapositions d'éléments empiriques n'ayant qu'une valeur descriptive et non interprétative de comportements, tel un petit « mécano » de la psychologie. Aucune théorie sous-jacente n'étaye ces assertions et, au fur et à mesure que sont décernés les prix Eric Berne, on peaufine, on colmate les brèches et on bâtit ainsi, bon an, mal an, une systématique des conduites humaines ; qu'un comportement complexe ait été oublié par Berne, et l'un de ses disciples se chargera bien d'inventer de nouveaux concepts pour « boucher les trous ». Bref, il manque un fil conducteur, une logique interne, une hypothèse centrale (telle, celle du rôle de la sexualité chez Freud).

La troisième critique qui en découle est le manque de fondement théorique ; il y a d'abord une carence de nature épistémologique et secondement un manque de structure stable qui fonde le découpage du psychisme en trois états du Moi. Si ce découpage possède une incontestable valeur au niveau de la description de phénomènes que l'on peut observer (attitudes de jugement, yeux froncés du Parent ; attitude joyeuse, yeux rieurs de l'Enfant, etc.), il ne repose sur aucune réalité anatomique, biochimique ou physiologique. Berne tente de légitimer ses « Egostates » en se référant aux travaux de Federn et de Penfield, mais aucune méthode expérimentale rigoureuse ne vient à l'appui de ses affirmations. Certains spécialistes ont même été jusqu'à prétendre que le célèbre avocat dénommé M. Segundo n'avait jamais existé et qu'il ne s'agissait que de Berne lui-même, et donc d'une astuce destinée à masquer l'absence de protocole de ce soi-disant cas clinique, et ainsi de nous berner...

Ensuite vient un quatrième train de critiques, à notre sens mineures, mais si fréquemment entendues dans le monde des détracteurs qu'il convient de leur réserver une place. Et, en particulier, son « aspect gadget » simpliste, du type jeu de société à la mode pour « normosés », qui fait que beaucoup de non-spécialistes des sciences humaines peuvent se l'approprier et jouer ainsi aux apprentis sorciers avec une « boîte à outils » de première urgence, qui fait faire l'économie d'une véritable compétence en matière de compréhension psychologique des problèmes humains.

Elle renforce les mythes américains du gagnant, de la participation et de l'analyse à la portée de tous, tout en occultant les données propres à l'institution sociale, en particulier les causes des troubles venant directement de l'environnement.

C'est tout l'enjeu des luttes sociales qui est ainsi passé sous silence ou écarté. Notons que nous retrouvons là une forme de la critique marxiste faite à la psychanalyse, méconnaissant la sphère sociale et politique au profit de la seule sphère familiale et sexuelle.

Enfin, terminons par une critique sans doute provisoire, mais à ce jour fondamentale, liée à son manque de poids historique. Force est de reconnaître quelques impasses théoriques, en particulier au sujet des rapports P1 et P2 et, en général, pour tout ce qui touche à l'analyse structurale de deuxième ordre. A tout le moins, comme le dit Jean Brillaud (1) :

> « Berne néglige totalement le fait que les « trois cerveaux » sont interconnectés, et sa théorie des trois états du Moi : Parent, Adulte, Enfant, est totalement artificielle et le conduit inévitablement à compliquer indéfiniment le schéma initial. La théorie des états du Moi a certes des avantages : elle est facile à comprendre, facile à expliquer, facile à manier ; mais elle ne va pas loin et conduit rapidement à d'insurmontables contradictions. »

(1) Jean BRILLAUD, AT et épistémologie, *Bulletin de l'IFAT*, nos 4 et 5.

## II. — Critiques faites à la psychologie humaniste et qui touchent directement l'AT

Au premier chef, l'AT n'intègre pas à proprement parler les données de l'inconscient. Elle minimise sans doute la dimension fondamentale du fantasme, des productions imaginaires, des lapsus et autres actes manqués. Au contraire, elle consacre une place de choix aux processus rationnels et en particulier à l'Adulte, celui-ci pouvant finir par devenir la dernière citadelle des défenses du Moi, citadelle dont on dit toujours qu'elle est par définition inviolable. Ce faisant, elle surestime la part de responsabilité de l'individu dans ses choix ou occasions de vie, ne précisant pas comment distinguer les programmes acquis des programmes innés, et survalorise les capacités du sujet à prendre en charge son problème existentiel. Faisons à cet égard une brève comparaison avec la démarche psychiatrique : le psychiatre observe et diagnostique en dénommant une maladie, puis en administrant les drogues, sans que son sujet comprenne ou soit véritablement impliqué. L'analyste transactionnel, lui, dénomme de manière à ce que le sujet comprenne et s'implique, mais n'administre rien. Résultats : le psychiatre s'est sacralisé en légitimant l'état de malade et l'analyste transactionnel a démystifié le rapport thérapeute-patient, mais en ôtant du même coup au malade le choix qu'il a fait de l'être.

L'AT, en second lieu, n'intègre pas à proprement parler les critiques « reichiennes » faites au freudisme, c'est-à-dire qu'elle accorde peu de place au corps, au sexe et à leur problématique spécifique, mésestimant, en outre, la notion défensive de « cuirasse caractérielle » (à l'exception de quelques fédérateurs intégrant les apports de la *Gestalt* thérapie et de la bioénergie à ceux de l'AT).

Enfin, dans une hypothèse freudienne orthodoxe, elle procède à une description simplifiée du vécu psychologique, ne fait que peu ou pas l'étiologie du pourquoi en se contentant de décrire le comment, et, ce qui est le pire des sacrilèges au regard des normes psychanalytiques, c'est que la relation du patient à son analyste n'est ni contrôlée, ni élucidée (malgré la présence du superviseur pour ceux qui font un cursus ITAA) (2). Rappelons ce que dit Daniel Lagache à ce sujet (3).

« Dans les psychothérapies non analytiques, la relation « Patient-Psychothérapeute » est utilisée, mais elle n'est pas contrôlée, élucidée et réduite. Dans la psychanalyse, l'entourage, le rôle de l'analyste, son contre-transfert sont contrôlés. L'analyste se borne à mettre en lumière certaines significations inconscientes, principalement dans le domaine de la névrose de transfert. »

Un des inconvénients majeurs qui en découle est que l'AT rend par exemple les hystériques obsessionnels et, soit viole l'inconscient par des intrusions trop interventionnistes dans le passé des gens, soit renforce les défenses en rationalisant et sécurisant les patients (tant en thérapie qu'en développement des organisations). En définitive, c'est une impasse totale sur l'importante question du transfert qui est ainsi opérée.

Facile à manier, ludique, l'AT court-elle le risque de devenir le dernier passe-temps à la mode et finir comme tous les jouets, au grenier des souvenirs, ou pire, comme petit tableau de bord psychologique de tous les non-psychologues ? Nous ne le pensons pas, car bien que toutes ces critiques nous

(2) ITAA, l'Institut américain d'AT.
(3) D. Lagache, *La Psychanalyse*, coll. « Que sais-je ? », n° 660, Paris, PUF, 1955.

paraissent fondées, elles ne doivent pas pour autant masquer les spécificités et originalités propres à cette nouvelle approche de la personne.

Et tout d'abord sa spécificité :

Par sa souplesse, comme outil thérapeutique, l'AT peut être considérée comme à mi-chemin entre la thérapie comportementale et la psychanalyse.

De la première, elle emprunte le souci de pragmatisme et de plus grand contrôle des résultats ; de la seconde, elle accepte les théories et principes, n'hésitant pas à recourir comme elle, quand il le faut, à un travail en profondeur (J. Schiff) (4).

L'AT se tourne délibérément vers l'avenir et privilégie, avant tout, le comment sur le pourquoi. A ce titre, le thérapeute peut être plus facilement comparé à un passeur qu'à un mineur de fond. Son rôle consiste beaucoup plus à aider la personne à franchir le gué d'un état du Moi à un autre, qu'à sonder en profondeur ces mêmes états, même si cela est parfois nécessaire dans un premier temps.

L'AT constitue à ce jour la seule théorie « de la personne » à laquelle tout un chacun, jeune ou vieux, riche ou pauvre, ouvrier ou paysan, puisse accéder facilement. A ce titre, elle constitue un « conte de fées merveilleux pour le psychologue ou le professionnel de la relation d'aide », contribuant fortement par son langage simple et direct à le rapprocher de la cité, des autres disciplines ou des personnes de la vie de tous les jours.

Elle possède une puissance communicative, un pouvoir d'attraction, une familiarité de langage qui en font un puissant outil d'échange et de communication entre les personnes.

(4) Jacques Schiff, Travail en profondeur de « reparentage » sur certains psychotiques : les schizophrènes, par exemple. Voir *The cathexis reader. TA treament of psychosis*, New York, Harper & Row.

Dotée de concepts apparemment simples, elle fait preuve d'une valeur didactique et pédagogique indéniable qui lui permet de rendre compte de phénomènes parfois complexes par des schémas simples et compréhensibles.

Elle peut être considérée dans l'histoire de la psychologie clinique comme l'occasion de contribuer à donner un langage vraiment commun aux professionnels de la relation d'aide (assistantes sociales, infirmières, psychologues, personnel hospitalier, etc.). En ce sens, elle peut favoriser le décloisonnement des structures et des rôles institutionnels en facilitant la reprise d'un dialogue bien souvent rompu (le personnel médical / le personnel non médical, ou dans le personnel médical : infirmières/médecins/psychologues/aides soignantes).

Elle enrichit la psychologie clinique de concepts nouveaux tels que les jeux, les scénarios, et ouvre la voie à une nouvelle « psychiatrie sociale », où le thérapeute partage avec son client les clés de son analyse et rétablit ainsi une relation avant tout actuelle et authentique.

L'AT, enfin, constitue un nouveau langage, une nouvelle manière de communiquer et de partager avec autrui émotions, valeurs et informations. A ce titre, sa générosité, son ouverture n'ont pas d'égales dans le monde de la psychologie clinique. Par ailleurs, elle s'inscrit dans un vaste mouvement qu'on appelle « la nouvelle théorie de la communication ». La parenté des concepts avec celle-ci y est frappante, et, comme elle, elle réfléchit à une approche plus pragmatique du changement.

# BIBLIOGRAPHIE

Eric BERNE, *Analyse transactionnelle et psychothérapie*, Payot, 1971.
— *Psychiatrie et psychanalyse à la portée de tous*, Fayard, 1971.
— *Des jeux et des hommes*, Stock, 1975.
— *Que dites-vous après avoir dit bonjour ?*, Tchou, 1977.
J.-C. CAMMAS, G. CHANDEZON, A. LANCESTRE, D. MARIE, *Efficacité personnelle de la secrétaire*, Ed. d'Organisation, 1983.
A. CARDON, *Jeux pédagogiques et AT*, Ed. d'Organisation, 1981.
Alain CARDON, Vincent LENHARDT et Pierre NICOLAS, *L'analyse transactionnelle, outil de communication et d'évolution*, Ed. d'Organisation, 1979.
A. CARDON, L. MERMET, *Vocabulaire de l'AT*, Ed. d'Organisation, 1982.
M.-J. CHALVIN, *Comment réussir avec ses élèves*, Ed. ESF, 1982.
M.-J. et D. CHALVIN, *Vivre heureux en famille*, Ed. ESF, 1980.
D. CHALVIN, D. DELAUNAY, J.-P. LAPRA, J.-L. MULLER, J. TEBOUL et F. BUSSAT, *Analyse transactionnelle et relations de travail*, EME, 1979.
D. CHALVIN et F. EYSSETTE, *Comment sortir des petits conflits dans le travail.*
Dominique CHALVIN, *Les nouveaux outils de l'Analyse transactionnelle*, Ed. ESF, 1987.
D. DELAUNAY et M.-C. GOURDIN, *Vente et AT.*
John DUSAY et Claude STEINER, *L'analyse transactionnelle, une thérapie de groupe*, J.-P. Delarge, 1976.
J.-M. FOURCADE, V. LENHARDT, *AT et Bioénergie*, J.-P. Delarge, 1981.
M.-C. GOURDIN, G. JAOUI, *Transactions*, Interéditions, 1982.
Thomas HARRIS, *D'accord avec soi et les autres*, EPI, 1974.
Raymond HOSTIE, *L'âge adulte*, EPI, 1987.
Muriel JAMES, *Le nouveau jeu des familles, AT pour jeunes parents*, Interéditions, 1979.
Muriel JAMES et Dorothy JONGEWARD, *Naître gagnant*, Interéditions, 1978.
Gysa JAOUI, *Le triple Moi*, Robert Laffont, 1979.
Dorothy JONGEWARD et Dru SCOTT, *Gagner au féminin, l'AT pour la nouvelle femme*, Interéditions, 1979.
JONGEWARD et SEYER, *Gagner dans l'entreprise*, Interéditions, 1980.
KRACK, NASIELSKI, VAN DE GRAAF, *L'AT, méthode d'application en travail social et en psychologie clinique*, Ed. Privat, 1981.
LAVERTY, *Comment enseigner grâce à l'AT*, Ed. Retz, 1979.
Vincent LENHARDT, *L'analyse transactionnelle : concepts et procédures*, Ed. Retz, 1980.
G. NIZARD, *Analyse transactionnelle et soin infirmier*, Ed. P. Mardaga, 1983.
POULIN-CAROLD, *Un certain regard. Synthèse d'AT*, Ed. Saint-Yves, Canada.
Claudie RAMOND, *L'AT dans l'éducation et la formation.*
Cl. STEINER, *A quoi jouent les alcooliques*, Ed. de l'Epi, 1981.
Cl. STEINER et J. DUSAY, *AT en thérapie de groupe*, Ed. Delarge, 1976.
Claude RAMOND, *Grandir*, Co-Editions ERES, 1989.
Laurie HAWKES, *Introduction à l'analyse transactionnelle*, Editions Méridienne.

*Revues :*

*Actualités en AT*, 153, avenue Gribaumont, 1200 Bruxelles (éditeur responsable : Jean WILMOTTE).
*Bulletin de l'IFAT*, Institut français d'AT, 10, rue Richer, 75009 Paris.

# TABLE DES MATIÈRES



---

Imprimé en France
Imprimerie des Presses Universitaires de France
73, avenue Ronsard, 41100 Vendôme
Juillet 1993 — N° 39 462